环境治理政府主导的法治化研究

以元治理理论为分析工具的展开

余德厚 著

图书在版编目（CIP）数据

环境治理政府主导的法治化研究：以元治理理论为分析工具的展开／余德厚著.—北京：知识产权出版社，2024.11.—ISBN 978-7-5130-6766-9

Ⅰ.D922.680.4

中国国家版本馆 CIP 数据核字第 2024ZP1158 号

责任编辑：薛迎春	责任校对：谷 洋
执行编辑：凌艳怡	责任印制：孙婷婷
封面设计：智兴设计室·华御翔	

环境治理政府主导的法治化研究
——以元治理理论为分析工具的展开

余德厚 著

出版发行：知识产权出版社有限责任公司	网　址：http://www.ipph.cn
社　址：北京市海淀区气象路50号院	邮　编：100081
责编电话：010-82000860 转 8714	责编邮箱：443537971@qq.com
发行电话：010-82000860 转 8101/8102	发行传真：010-82000893/82005070/82000270
印　刷：北京建宏印刷有限公司	经　销：新华书店、各大网上书店及相关专业书店
开　本：880mm×1230mm　1/32	印　张：7.5
版　次：2024年11月第1版	印　次：2024年11月第1次印刷
字　数：186千字	定　价：88.00元
ISBN 978-7-5130-6766-9	

出版权专有　侵权必究
如有印装质量问题，本社负责调换。

序

环境问题已然成为 21 世纪以及未来若干年全球关注的重大议题。环境治理是国家治理体系和治理能力现代化的重要组成部分，关系着中华民族乃至全人类的生存与发展。当前，全球正在为寻求环境的"善治"之道不断探索，提出了诸多不同的环境治理方案。经过多年的环境治理实践，多种环境治理模式应运而生。我国的环境管理经历了从行政权力浓厚的"管制"阶段到公民环境权利弱化的"治理"阶段，现在正在走向环境善治阶段。受环境"管制"理念的影响，我国环境治理曾面临传统单一、治理资金不足、效率不高、治理体系不完善、治理机制法治化程度不高等困境。

推进生态环境治理体系和治理能力现代化是实现生态环境根本好转和美丽中国建设目标的阶段性任务，是实现人与自然和谐共生的中国式现代化的内在要求，是生态文明建设的重要组成部分。党的十八大以来，以习近平同志为核心的党中央高度重视生态文明建设，提出了一系列新理念、新思想、新战略，开展了一系列具有根本性、开创性、长远性的工作，推动了生态环境保护发生历史性、转折性、全局性变化。然而，生态环境的治理与修复并非一蹴而就，而是需要一个长期的艰苦转变的过程。生态环境保护面临的形势依然严峻，新战略、新目标、新认识、新趋势、新问题对生态环境保护提出了新的治理任务和治理需求。因此，继续推进生态文明体制改革，充分认识生态环境治理理念、治理主体、治理客体的更新和变化，完善初步确立的生态文明制度体系基本架构，健全现代环境治理体系，提高与治理任务和治理需求相适应的制度执行能力，大力推进生态环境治理体系和治理能力现代化，成为重要的时代命题。

2024年7月，党的二十届三中全会出台《中共中央关于进一步全面深化改革 推进中国式现代化的决定》明确提出，健全生态环境治理体系，推进生态环境治理责任体系、监管体系、市场体系、法律法规政策体系建设。由此可见，中国环境治理体系至少还应从两个方面进一步深化推进：一是推动中国环境治理体系的多元化，即构建"党委领导、政府主导、企业主体、社会组织和公众共同参与"的现代环境治理体系。二是推动中国环境治理体系的法治化，即"用严格的法律制度保护生态环境"。事实上，无论是环境治理多元化的实现，还是环境治理法治化的建设，都离不开"政府主导"。政府主导的环境治理模式既是因应现代环境问题复杂化的必然要求，也是中国特色社会主义制度优越性的具体体现。因此，中国环境治理多元化与法治化的结合点就在于"中国环境治理政府主导法治化"这一核心议题。

一个国家的国土空间越大、人口数量越多，其国家治理的规模也就越大，治理的难度也越高。我国国土幅员辽阔，人口更是居于世界首位。辽阔的疆域、差异化的经济发展环境以及复杂的历史文化背景使得我国在社会主义初级阶段，面临的国家治理挑战是一般小国所无法比拟的。大国治理需要更多的智慧和理论。通过梳理总结中国环境治理演变的经验教训，可以发现，在社会主义性质的中国，真正能够代表社会整体利益或者最广大人民利益的必然是中国共产党领导下的国家政府，要保证中国环境治理整体上符合社会整体利益或者人民的根本利益，必须实行政府主导的环境治理模式。而环境治理模式的法治化，则是以依法治国作为根本治国方略的现代社会的必然选择，也是保证中国环境治理政府主导能够始终秉持以人民利益为根本目标，在治理质效上保持其先进性的根本保障。

政府主导型环境治理，提倡政府在环境治理中的组织领导者的地位和作用，但是也并不是对环境治理全包全揽，建立一个环境治理的"全能型政府"，而是发挥企业、公民等社会主体的积极作用。具体而言，一方面政府当然首先要对环境保护尽其职责，不能民众要求时才有所作为；另一方面民众、企业、社会组织自己也要行动起来，在政府的主导下，构建企业为主体、社会组织和公众共同参与的环境治理体系，引导利益主体自觉自发地处理环境问题。

本书通过政府元治理理论，将"中国环境治理"置于"元"观照之下，深入分析了元组织治理职责不清而导致政府主导监管效率低下、元交换信息失真而导致企业主体自律治理失范以及元约束机制缺乏不同主体间协调和配合欠缺等问题，尝试跳脱传统科层治理的理论框架，寻求中国环境治理的"另一种答案"。应当说，本书的出版无论是对于拓展环境法学研究的理论视界，还是解决环境治理的现实问题，都具有重要的意义和参考价值。基于以上提出的我国环境治理中的难题与困境，本书提出了环境治理"政府主导及法治化"论题，试图在运用元治理有关理论论证我国政府主导型环境治理的基础上，对我国环境治理中的问题进行理论反思和回应，并为在实践中提升我国环境治理水平和能力提出决策建议。通过元治理理论建立起的政府主导型环境治理机制及其治理制度，能够充分发挥我国社会主义制度的优越性，发挥法治的统合能力。统合政府主体、市场主体和社会主体在环境治理领域的资源和能力，形成平等、开放、共治的利益共同体，建立各类主体共同合作，采取多样化的环境治理手段、生态防护措施、风险防范机制，保障环境公共利益和生态安全的治理过程。

本书作者余德厚博士，自2017年跟随我攻读博士学位以来，展现出了较强的学术创造性和观察力，曾先后在《江西社会科学》《西南民族大学学报（人文社会科学版）》《海南大学学报（人文社会科学版）》《法学杂志》等CSSCI期刊上发表学术论文多篇，较好地完成了博士阶段的学习和博士论文的研究工作。本书是他在博士论文的基础上，结合工作中的思考和最新的研究动态，进行修改和完善而成。作为导师，能够见证这本专著从萌芽到破土的过程，深感欣慰！期待本书的出版能够为中国环境法学研究带来新的思考！期待余德厚同志今后多加努力，在环境法领域继续深入研究，取得更多丰硕的学术成果。

是为序！

黄锡生

2024年9月3日于重庆

序　言

近年来，随着生态文明与美丽中国建设的有序推进，党和政府高度重视构建与优化以环境法典化为标志的现代环境治理体系，进一步推动国家环境治理体系的完善与治理能力的提升。2024年6月18日至19日，习近平总书记在青海考察时强调要持续推进青藏高原生态保护和高质量发展。2024年1月1日，《求是》杂志刊发习近平总书记的署名文章《以美丽中国建设全面推进人与自然和谐共生的现代化》，文章再次明确提出"今后5年是美丽中国建设的重要时期，要深入贯彻新时代中国特色社会主义生态文明思想，坚持以人民为中心，牢固树立和践行绿水青山就是金山银山的理念，把建设美丽中国摆在强国建设、民族复兴的突出位置，推动城乡人居环境明显改善、美丽中国建设取得显著成效，以高品质生态环境支撑高质量发展"。2022年10月16日，党的二十大报告"十、推动绿色发展，促进人与自然和谐共生"的"（二）深入推进环境污染防治"提出"全面实行排污许可制，健全现代环境治理体系"。2017年10月18日，党的十九大报告提出"构建政府为主导、企业为主体、社会组织和公众共同参与的环境治理体系"，进一步明确环境治理体系中政府的主导地位。中共中央办公厅、国务院办公厅印发的《关于构建现代环境治理体系的指导意见》指出推进环境治理体系现代化的目标方向，并以此制定环境治理体系的发展目标。2021年4月21日，全国人大常委会宣布将"研究启动环境法典等条件成熟的行政立法领域的法典编纂工作"，并列入2021年度立法工作计划，现代环境治理体系对法典化的需求由此得以有序推进。因此，基于目前中国在环境治理中采取的是"以政府为主导"的方式，而将"中国环境治理政府主导法治化"作为研究对象，可以填补中国环境治理中"政府主导法治化"的实践空白和以元治理理论补强现行理论供给。

党的十九大报告提出的"政府为主导、企业为主体、社会组织和公众共同参与"法治化三大维度与元治理理论具有高度契合性。中国环境治理政府主导法治化需要将公共治理和协同治理通过政府元治理理论予以有效统合，以实现其治理的集成创新功能。其内在逻辑体现为，新中国成立以来中国环境治理由层级治理到公共治理的理论缺陷和元治理理论及其元治理理论治理框架下的协同治理理论能够对这一缺陷进行有效补位，以及中国作为社会主义国家的体制制度对政府主导及其法治化提出的客观要求。

事实上，从元治理理论所涵盖的元组织、元交换、元约束的制度体系及其理论构造来看，该理论与中国环境治理政府主导法治化的逻辑起点和实现方式具有高度的同质特征，两者在工具价值层面保持高度契合性。元治理理论能够有力回应传统政府单中心治理中层级治理理论导致的高权行政与治理僵硬问题，能够有效破解多元治理中公共治理理论因过度强调协商导致的"治理溃败"等理论与实践难题。在此需要明确的是,针对必然出现的环境治理行为间的冲突,需要以元治理理论为指导,通过政府主导的方式介入多元治理主体的治理行为之中以进行更高层次的协调,从而有效实现多元环境治理主体的相应治理资源的有效整合。

因此,以元治理理论为分析工具来观察与审视中国环境治理中政府主导法治化的制度文本与运行实践,目前存在的核心问题是元组织治理职责不清而导致政府主导的监管效率低下,元交换信息失真而导致企业主体的自律治理失范,以及元约束机制缺乏不同主体间协调和配合,其效能欠佳或功能失范的主要原因表现为元组织治理职责不清、元交换信息失真和元约束缺乏。对此,按照元治理理论,对中国环境治理工作中政府主导法治化可以从以下三个维度进行完善与构建。

首先,界定政府主导下环境行政部门环境治理权力法治化的元组织职责分工体制。一是确立以环境行政部门为核心的元组织治理框架,包括环境行政部门作为元组织对环境治理所具有的基本功能和环境行政部门作为元组织的职责设置;二是建立公益诉讼理论下的司法与行政衔接机制,即贯彻充分尊重行政权力的原则,设置案件审理缓冲期,法律框架内尽可能调解结案,判决前征求环境行政部门的意见。

其次,构建企业主体统一高效监管法治化的元交换制度体系。一是制定科学统一的企业环境责任体系标准,即统一的企业环境责任体系标准应当具有明确性,应当明确企业对于自身治理行为的最低标准义务,构建统一的企业环境责任体系标准的评价机制;二是设置规范高效的检查监管程序,即保证相关程序的合法性、科学性。

最后,创设社会组织和公众共同参与环境治理法治化的元约束机制。一是推进党领导政府主导环境治理的法治进程；二是优化以公共治理理论为指导的社会组织和公众共同参与政府监管的程序路径；三是形塑政府监管多元监督体系中社会组织和公众的合作监督模式；四是构建社会组织与公众参与和监督企业主体治理的有效机制。

目录 CONTENTS

1 中国环境治理政府主导法治化的基础概述 /1
  1.1 **研究内容与问题意识** /1
    1.1.1 研究背景 /2
    1.1.2 研究对象与研究范围 /7
    1.1.3 问题意识与研究目的 /15
  1.2 **研究现状与研究意义** /36
    1.2.1 研究现状 /36
    1.2.2 研究意义 /45
  1.3 **研究思路、方法与创新及不足** /47
    1.3.1 研究思路 /47
    1.3.2 研究方法 /49
    1.3.3 创新与不足 /49

2 中国环境治理政府主导法治化的现状观察 /52
  2.1 **中国环境治理政府主导法治化的制度文本** /54
    2.1.1 中国现行环境法律的体系构成 /56

2.1.2 中国环境治理中的行政立法及政府责任清单 /58
2.2 中国环境治理政府主导法治化的运行实践 /59
　　2.2.1 中国环境治理政府主导法治化中政府主导的法治化实践 /59
　　2.2.2 中国环境治理政府主导法治化下企业主体的法治化实践 /76
　　2.2.3 中国环境治理政府主导法治化下社会组织和公众共同参与的法治化实践 /83

3 元治理理论与中国环境治理政府主导法治化的价值耦合 /88
3.1 元治理理论的内涵界定及其配套理论 /90
　　3.1.1 元治理理论内涵界定：政府主导型环境治理合法性理论基础 /90
　　3.1.2 元治理理论的配套理论 /92
3.2 元治理理论与中国环境治理政府主导法治化价值耦合的具体表现 /99
　　3.2.1 治理主体：元治理结构理论 /99
　　3.2.2 治理工具：元治理制度 /108
　　3.2.3 治理动力：元治理权力配置 /114

4 元治理理论观照下中国环境治理政府主导法治化的问题审视 /119
4.1 元组织治理职责不清导致政府主导法治化的监管效率低下 /120
　　4.1.1 元组织治理框架涣散导致治理效果不够突出 /123
　　4.1.2 司法与行政权力的重叠 /130
4.2 元交换信息失真导致企业主体法治化的自律治理功能失范 /133
　　4.2.1 元交换体系的不统一导致企业责任标准体系混乱 /134
　　4.2.2 元执行机制的随意性使检查监管效率低下 /136
4.3 元约束机制缺乏致使社会组织和公众共同参与的协同治理效能难以发挥 /138

4.3.1 社会组织与公众共同参与欠缺下的公共治理效果不彰 /139
4.3.2 社会组织与公众共同参与监督欠缺下的治理权力滥用 /141
4.3.3 社会组织与公众无法参与和监督企业主体的环境治理 /142

5 元治理理论观照下中国环境治理政府主导法治化的完善维度 /144
5.1 界定政府主导下环境行政部门环境治理权力法治化的元组织职责分工体制 /145
5.1.1 确立以环境行政部门为政府主导核心的元组织治理框架 /146
5.1.2 建立公益诉讼理论下司法与行政衔接机制 /159
5.2 构建企业主体统一高效法治化的元交换制度体系 /172
5.2.1 制定科学统一的企业环境责任体系标准 /174
5.2.2 设置规范高效的检查监管程序 /180
5.3 创设社会组织和公众共同参与环境治理法治化的元约束机制 /187
5.3.1 推进党领导政府主导环境治理的法治进程 /191
5.3.2 优化以公共治理理论为指导的社会组织和公众参与政府监管的程序路径 /197
5.3.3 形塑政府监管多元监督体系中社会组织和公众的监督合作模式 /202
5.3.4 构建社会组织与公众参与和监督企业主体治理的有效机制 /207

6 结 语 /212

参考文献 /214

1 中国环境治理政府主导法治化的基础概述

围绕研究对象,即整个研究围绕中国环境治理中政府主导的法治化而展开,界定自新中国成立以来从管理到治理这一演变进程,重点论证中国环境治理中政府主导法治化的理论引领、制度安排与机制路径。对此,需要对研究背景、研究对象、研究范围及存在的核心问题、研究现状与研究意义、研究思路、研究方法与创新、不足之处等诸多方面进行有序探讨,以此确立研究的基础与方向。

1.1 研究内容与问题意识

对于研究内容和问题意识,需要明确研究背

景、研究对象与研究范围、研究中存在的问题和研究目的。

1.1.1 研究背景

近年来,随着生态文明与美丽中国建设的有序推进,党和政府高度重视现代环境治理体系的优化与构建。2017年10月18日,党的十九大报告提出"构建政府为主导、企业为主体、社会组织和公众共同参与的环境治理体系",进一步明确环境治理体系中政府的主导地位。2020年3月,中央办公厅、国务院办公厅印发的《关于构建现代环境治理体系的指导意见》对构建党委领导、政府主导、企业主体、社会组织和公众共同参与的现代环境治理体系进行了明确部署,提出加快构建陆海统筹、天地一体、上下协同、信息共享的生态环境监测网络,推进信息化建设,形成生态环境数据一本台账、一张网络、一个窗口。① 2020年9月22日,国家主席习近平在第七十五届联合国大会的一般性辩论会上发表重要讲话,首次提出中国将在2030年实现碳达峰和2060年实现碳中和的重大宣示,之后多次在国内外重大工作会议与对外问答过程中继续针对碳达峰与碳中和目标进行持续呼吁。2021年9月13日至14日习近平总书记在考察陕西榆林等地期间多次发表重要讲话提出要统筹有序推进碳达峰、碳中和工作。② 为系统推进政府、企业、社会组织和公众有序参与环

---

① 《关于构建现代环境治理体系的指导意见》提出,要以坚持党的集中统一领导为统领,以强化政府主导作用为关键,以深化企业主体作用为根本,以更好动员社会组织和公众共同参与为支撑,实现政府治理和社会调节、企业自治良性互动,完善体制机制,强化源头治理,形成工作合力,为推动生态环境根本好转、建设生态文明和美丽中国提供有力制度保障。

② 习近平总书记对于统筹有序推进碳达峰、碳中和工作的重要系列发言有:2020年12月16日至18日在中央经济工作会议上的讲话、2021年1月11日在省部级主要领导干部学习贯彻党的十九届五中全会精神专题研讨班上的讲话、2021年3月15日在主持召开中央财经委员会第九次会议时的讲话、2021年3月22日至25日在福建考察时的讲话、2021年4月2日在参加首都义务植树活动时的讲话、2021年4月

境治理工作，生态环境部近年来联合其他有关部门发布《公民生态环境行为规范（试行）》《环境保护部办公厅关于推进环境保护公众参与的指导意见》《环境保护部、民政部关于加强对环保社会组织引导发展和规范管理的指导意见》等政策文件，目的是为参与各方提供行动指南与实施规范。为了破解"企业污染、群众受害、政府买单"的法治困境，经中央全面深化改革委员会审议通过，生态环境部会同最高人民法院、最高人民检察院等11个部门共14家单位于2022年4月28日联合印发了《生态环境损害赔偿管理规定》，通过明确部门任务分工、压实地方党委和政府责任、明确奖惩内容、规范统一工作程序等多项措施强力推动生态环境损害赔偿制度的实施见效。①2022年10月16日党的二十大报告"十、推动绿色发展，促进人与自然和谐共生"中"（二）深入推进环境污染防治"提出"全面实行排污许可制，健全现代环境治理体系"。2024年1月1日，《求是》杂志刊发习近平的署名文章《以美丽中国建设全面推进人与自然和谐共生的现代化》，其中再次明确提出今后5年是美丽中国建设的重要时期，要深入贯彻新时代中国特色社会主义生态文明

（接上注）

25日至27日在广西考察时的讲话、2021年4月30日在十九届中央政治局第二十九次集体学习时的讲话、2021年5月21日在中央全面深化改革委员会第十九次会议上的讲话、2021年6月28日致金沙江白鹤滩水电站首批机组投产发电的贺信、2021年7月28日在中南海召开党外人士座谈会上的讲话，等等。2021年9月13日至14日，习近平总书记在陕西考察时强调，煤炭作为中国主体能源，要按照绿色低碳的发展方向，对标实现碳达峰、碳中和目标任务，立足国情、控制总量、兜住底线，有序减量替代，推进煤炭消费转型升级。具体参见《关于碳达峰、碳中和，总书记这样说》，载微信公众号3060碳达峰碳中和，https：//mp.weixin.qq.com/s/W4euDsYe3H0lC6m_yfT8bg，2021年10月5日访问。

① 对于立法背景及其价值意义等的具体阐释，详细参见《生态环境部就〈生态环境损害赔偿管理规定〉答记者问》，载中新网，http：//www.chinanews.com.cn/gn/2022/05-16/9756123.shtml，2024年8月24日访问。

思想，坚持以人民为中心，牢固树立和践行绿水青山就是金山银山的理念，把建设美丽中国摆在强国建设、民族复兴的突出位置，推动城乡人居环境明显改善、美丽中国建设取得显著成效，以高品质生态环境支撑高质量发展。2024年6月18日至19日，习近平在青海考察时强调要持续推进青藏高原生态保护和高质量发展。展开来论，随着中国工业化的初级阶段彻底完成，工业发展逐渐深入，环境污染问题日益严峻并逐渐成为现代社会关注的焦点问题。正是在这一背景下中国开始了最大规模的环境治理行动，并通过制定《中华人民共和国环境保护法》（以下简称《环境保护法》）为基础性法律的一系列环境治理的法律法规构建了将国家目标作为环境法典编纂目标的宪法基础①，以形成较为完备的法典化现代环境治理体系。同时，国内部分从事环境治理法治化研究的学者对环境法典的编纂主张应当将"环境"等作为环境法典的基本概念，以此对"环境不是物"和"环境权不是物权"②等作出定性判断。

基于计划经济时代的观念影响、市场经济对法治化的天然需求和新中国成立以来的基本国情，学界将中国环境治理历程大致划分为三个阶段：第一阶段是政府单中心治理，其理论基础是层级治理理论或称为科层制治理理论，特征是针对环境问题采取纯粹的单维度政府管控、科层制等命令控制型治理模式。但随着改革开放的深入推进与中国经济社会的深度转型，单纯由政府负责的环境治理模式逐步表现出成效不彰等弊端。[1]第二阶段是政府参与而不是主导者

---

① 环境法治的制度目标或称其为国家目标是有效治理，其也是环境法作为部门法的价值原点，具体参见蔡守秋、张翔、秦天宝等：《公法视阈下环境法典编纂笔谈》，载《法学评论》2022年第3期。

② 对此的论述详细参见蔡守秋、张翔、秦天宝等：《公法视阈下环境法典编纂笔谈》，载《法学评论》2022年第3期。

的多元治理，其在补强政府单中心治理不足基础上引入多方主体参与治理，核心理论是公共治理理论，其基本要义是法社会学理论中哈贝马斯的交往正义理论，理念上强调理性商谈与多元参与，方式上主张主要运用协商、合同等进行契约式治理。[2]实践中，其存在的突出问题是，在社会力量参与环境治理的过程中，由于不同社会力量的利益诉求的差异而导致了环境治理目标的差异，进而致使环境治理的整体公共利益在实践中往往无法得到有效的保障。第三阶段是政府主导下的三方协同治理，理论基础是元治理理论主导或统摄下的公共治理理论和协同治理理论。三者的辩证关系为：公共治理主要是强调治理的公共性和与之伴随的治理主体的多元性；协同治理主要强调不仅需要多元治理，还要更重视多元治理主体间的协同一致；元治理理论则是通过政府主导，将公共治理和协同治理通过以政府主导为中心的元治理进行顶层制度设计，以实现其治理的集成创新功能，核心是统一协商框架。从法经济学的成本收益理论来看，元治理理论可以进一步降低治理的协商成本和整合有限的治理资源，从而实现治理效益的最大化。

因此，对于中国环境治理的政府主导，通过三个阶段的对比，可以看出，第三阶段政府主导下的三方协同治理理论与实践①即当前推行与研究的中国环境治理政府主导法治化，有效弥补了第一阶段政府单中心治理和第二阶段政府参与而不是主导的多元治理中存在的极端化弊端，是目前推行的符合中国特色国情的本土化理论[3]和最佳的治理模式，其有力回应了政府单中心治理中层级治理理论和

---

① 在此需要提及的是，目前中国环境治理过程中存在政府如何实施环境治理的争论，争论的内容是采取纯粹的单维度政府治理模式还是政府协调下社会力量参与环境治理模式，争论的基础在于新中国成立以来中国环境治理模式的演变轨迹及其发展规律。

政府参与而不是主导的多元治理中公共治理理论无法有效解决中国当前环境治理问题这一理论争论与实践路径,彰显了中国环境治理中由政府主导的本土化[4]意义。同时,中国的社会主义国家性质和中国共产党为中国人民谋幸福、为中华民族谋复兴的初心与使命是中国环境治理由政府主导的逻辑动因,即中国是社会主义性质的国家,真正能够代表社会整体利益或者最广大人民利益的代表必然是中国共产党领导下的人民政府,为了保证中国环境治理整体上符合社会整体利益或者人民的根本利益,必须实行政府主导的多元共治之环境治理模式,而不是传统的政府单中心治理模式和政府协调下的多中心治理模式。

同时,在此基础上,还需要证成另外一个命题:中国环境治理政府主导实施法治化的理论逻辑与实践动因。从习近平法治思想中法治中国建设理论对实践的引领作用来论,"十一个坚持"是其核心要义,对法治关系的主体、客体、目的、手段以及国家权力和公民权利等基本逻辑要素进行科学分类和详细论述,为中国环境治理中政府主导实施法治化这一手段或路径提供了必要的法治理论供给。[5]因此,中国环境治理政府主导的法治化,则是以依法治国作为根本治国方略的现代社会的必然选择,也是保证中国环境治理政府主导能够始终秉持以人民利益为根本目标,并在治理的方式与质效上保持其先进性的根本保障。目前,中国环境治理的制度安排与实施模式是以政府对企业的监管为主导和以公众参与为补充,但从这样的政府主导的法治化视角来看,中国环境立法侧重于政府与管理对象(企事业单位、社会组织与个人)相互间的"权利—义务"关系,尤其缺乏激发各类企事业单位参与形成环境治理规则的制度措施即规范供给不足,社会组织参与环境治理的规则也存在零散化的现象即规范效力不够,其与生态环境治理的现代化要求相差甚远。对此,需要围绕多元主体的"权利—义务"关系对现代环境治理体系根据"政府治理和社会调节、企业自治良性互动"这一要求进行重构,其法治化的基本进路是:仅对作为基本法的《环境保护法》进行修改即"小修"、对所有的生态环境立法都进行相应修改即"中修"、实施法典化方式即"大修"。其中,法典化即"大修"路径被认为是最适合实质破解中国生态环境治理规范缺失问题的①。

因此,整体来论,在中国环境治理的诸多路径选择中实施元治理理论指导下政府主导模式是目前的最佳选择,而采取环境法典化的"大修"路径是有力推进中国环境治理政府主导的法治保障。

1.1.2 研究对象与研究范围

1.1.2.1 研究对象及其相关的核心概念

中国环境治理中由政府主导及实施法治化推进方式有助于丰富现代社会环境治理体系。因此,需要将整体研究对象确立为"中国环境治理政府主导的法治化",并以元治理理论作为分析工具。具体包括以下三个方面:一是对中国环境治理政府主导法治化的基本概念和相关理论、必要性和可行性、内在机理、制度文本和实践运行样态等具体内容进行详细分析和深入论证。二是以中国环境治理政府主导法治化的现状为基础,审视当前中国环境治理政府主导法治化过程中存在的突出问题。三是坚持以问题为导向,探索针对性、可操作性较强与实效性突出的相关解决路径。因此,从研究对象来看,研究中需要明确以下相关核心概念。

---

① "小修"优势是修改难度与幅度较小,劣势是短期内难以理顺与其他环境单行法的关系;"中修"优势是能够避免立法的冲突和抵牾,缺点是过度耗费立法资源;"大修"可以彻底解决生态环境治理失衡难题,为构建现代生态环境治理体系提供全面、系统的规范依据与指引,参见陈海嵩:《生态环境治理体系的规范构造与法典化表达》,载《苏州大学学报(法学版)》2021年第4期。

1）国家的环境治理义务

环境权是指公民有在健康、安全、舒适的环境中生活的权利，这一概念是在1960年由德意志联邦共和国的一位医生首先提出的。而作为一种理论，环境权则是在20世纪70年代由美国的约瑟夫·萨克斯（Joesph L. Sax）提出[6]，其以"公共信托理论"作为根据，正式提出公民享有环境权的理论。此外，1972年联合国在瑞典首都斯德哥尔摩召开的人类环境会议通过《人类环境宣言》，其中也提出环境权概念。后续发展演变中，较多国家已将环境权作为公民所享有的一种基本权利写入宪法。[7]与环境权相对应的是国家的环境治理义务。为了保证公民环境权的实现，国家必须采取积极的措施对环境进行治理，即承担相应的环境治理义务。因此，国家有维护最低环境质量的义务和排除危害、预防环境风险的义务。国家不仅要保护私人的安全，还必须担负起保障人民生存权和促进社会发展的一系列职责，如供应水电气和处理污水、垃圾等。另外，对于虽然尚未发生但理论上可能出现的损害，只要该风险处于国家干预的界限范围之内，国家就应当采取适当的措施排除危害和预防风险，这同时也是宪法上要求的国家义务。中国虽然在宪法和法律中没有明确规定公民的环境权，但《中华人民共和国宪法》（以下简称《宪法》）第九条明确规定了任何主体均不得破坏自然资源的义务，第二十六条则明确规定了国家保护和改善生态环境的义务。《环境保护法》及其他环境治理相关法律中更是对国家环境治理的义务进行了详细的规定。因此，环境权虽然没有成为中国法律规定公民明确享有的权利，但《宪法》和法律对国家环境治理义务的规定，保证了公民环境权的充分实现。因此，从理论与实践上来看，公民环境权和国家环境治理义务的确立，有利于人民群众参与环境保护和环境管理活动，有利于国家环境保护工作的开展。

2）环境治理

从语义上来论，治理是统治和管理的统称。在政治学领域，治理主要指政府运用政治权力行使对国家和人民的管理职能。由于现代社会分工的精细化导致的社会矛盾日益突出，政府治理能力的有限性问题逐渐凸显，从而产生了现代公共治理理论，即在政府有限性的基础上，需要将包括社会力量在内的利益相关方均纳入治理主体的范畴，从而有效弥补政府治理能力的不足。而环境治理，则指以政府为主的相关治理主体行使对环境进行管理的职能，从而有效保证实现公民的环境权。因此，在推进社会治理能力与治理体系现代化的背景下，环境治理必须以人民的环境利益的充分实现为根本目的，在政府主导下充分发挥企业、社会组织和公众的治理力量，最大程度保证人民对良好环境的根本需求。

3）环境治理法治化

法治是国家治理的基本方式，是人类社会进入现代文明的重要标志。[8]环境治理法治化，是指环境治理的相关主体、范围、行为内容、行为程序等，均需严格遵守相关法律的规定。"守法成本高，违法成本低"是中国环境保护领域存在的突出问题，行政执法、环境司法等正在着力破解这一难题。为此，2016年6月2日，最高人民法院召开新闻发布会，介绍了《最高人民法院关于充分发挥审判职能作用为推进生态文明建设和绿色发展提供司法服务和保障的意见》的相关情况，会上，最高人民法院原副院长江必新表示："发现环境污染问题以后要从严制裁，加大制裁力度。不仅要追究损害赔偿责任，而且要追究环境修复责任；不仅要追究财产赔偿责任，还要在符合条件时赔偿精神损失；不仅让他承担民事责任，而且让他承担行政责任或者刑事责任；不仅承担有形的责任，还承担无形的责任，如可以考虑建立黑名单制度。"① 概括来讲，环境治理法治化不仅是中国依法治国的治国方略的基本要求，而且是环境治理充分实现人民根本利益的有效保障。

4）环境治理政府主导

环境治理的政府主导，是指在现代环境治理体系中，政府虽然只是作为环境治理中政府、企业、社会组织和公众四大主体之一，但政府依据法律的规定，以强有力的计划和政策为指引，通过包括行政监管在内的行政执法措施，对其他环境治理主体的行为施加决定性的影响，以达到国家整体环境治理目标的环境治理模式。在环境治理的政府主导下，其他有关治理主体与政府相关部门的关系，是行政执法对象与行政执法主体的关系，同时也是监督和被监督的关系。政府主导的领域涵盖政府与社会公众所形成的社会治理领域以及政府与企业所形成的市场治理领域。政府对环境治理的主导，同时包括对社会公众主体治理行为的社会主导，以及对企业主体治理行为的市场主导。

5）环境治理法治化中政府主导法治化

环境治理中最重要的主体是政府，政府依照国家宪法和法律的授权获得对生态环境进行治理的权力，为了保证相关权力的正确行使，必须通过法治方式对其进行有效的限制。[9] 政府主导法治化包含两方面的含义：一是政府主导地位的法治化，即通过宪法和相关法律的规定确立政府在环境治理过程中的主导地位；二是政府在环境治理过程中行使主导权力的法治化，即政府在环境治理过程中发挥主导作用必须依宪法和相关法律的规定进行。环境治理法治化中

---

① 中新网：《最高法：对环境违法行为可要求赔偿精神损失》，https://news.jstv.com/a/20160602/146484789835.shtml，2024年8月23日访问。

政府主导法治化在确立政府主导地位的基础上，为政府充分发挥环境治理主导作用提供了可靠的法治保障。

6）环境治理中政府主导法治化涉及的主体、职能及其关系

2021年11月16日发布的《中共中央关于党的百年奋斗重大成就和历史经验的决议》指出，改革开放以后，党中央日益重视生态环境保护。同时，生态文明建设仍然是一个明显短板，资源环境约束趋紧、生态系统退化等问题越来越突出，特别是各类环境污染、生态破坏事件呈高发态势，成为国土之伤、民生之痛。如果不抓紧扭转生态环境恶化趋势，必将付出极其沉重的代价。党中央强调，生态文明建设是关乎中华民族永续发展的根本大计，保护生态环境就是保护生产力，改善生态环境就是发展生产力，决不以牺牲环境为代价换取一时的经济增长。党中央以前所未有的力度抓生态文明建设，全党全国推动绿色发展的自觉性和主动性显著增强，美丽中国建设迈出重大步伐，我国生态环境保护发生历史性、转折性、全局性变化。对此，依据我国生态文明建设以及环境治理体系现代化构建的要求，亟待对当前我国环境治理的特征进行系统梳理，基于不同环境治理主体及职能的分析，划分出治理主体间关系、各治理主体内部关系以及各主体内部关系的相互关系为环境治理主体的关系类型，以"和谐、制衡、稳定、公平、效率"为识别环境治理主体关系良好运行的标准，具有一定的理论与现实价值。从环境治理主体关系的角度来看，我国环境治理的特征在于政府主导基础上的多元共治。① 第一，治理主体的广泛性，既承认主体内部构成的多样

---

① 环境治理主体关系所涉及的主体类别划分包括：第一，主体间关系，指环境治理各主体间相互合作并互相制衡的关系；第二，各主体内部关系，指同一类环境治理主体由分工协作而产生的内部关系，主要来自主体内各群体之间的利益共建、共

性以及由此产生的差异性，发挥各类主体的核心功能。第二，治理方式的拓展性，指传统行政管理基础上的市场竞争合作与社会沟通协商手段的强化，以及借助现代化的信息技术等。第三，治理途径的融合性，表现为多种环境治理手段的借鉴与交叉，增强多主体对多种环境治理手段的适应性。

1.1.2.2 研究范围

从国家治理体系与治理能力现代化的视角来观察，研究中国环境治理政府主导法治化，涉及众多的学科理论、制度实践等。因此，针对需要研究的这一对象，有必要界定研究的范围，以确保研究的针对性与实效性。展开来论，对构建与优化中国环境治理政府主导法治化的制度体系需要从国家治理体系完善与治理能力提升的视野来论及。

首先，对中国环境治理政府主导法治化进行研究，将从政府为主导、企业为主体、社会组织和公众共同参与的法治化这三大维度予以展开，即：一是政府—企业关系。政府通过约束激励的方式建立与企业的联系，核心目的是将破坏生态环境的外部成本内部化。厘清政府与市场的关系可从根本上实现治理主体结构的多元化与相互制衡。社会组织和公众参与到政府—企业关系之中，通过引入社会

（接上注）

享机制；第三，各主体内部关系在向主体间关系的渗透中产生了各主体内部关系的相互关系，反映参与环境治理的主体由于外部性而对其他主体所产生的影响。同时，环境治理主体关系所涉及的层次划分包括：第一，自上而下方式，指通过顶层设计引导环境治理；第二，自下而上方式，指通过建立地方层次的先行先试，总结经验后再向全国推广；第三，横向互动方式，指环境治理的不同领域、主体通过互动形成的学习与反馈机制；第四，自律方式，指自觉将生态环境要素作为经济发展的基本要素和经济政策的影响因素。详细参见昌敦虎、白雨鑫、马中：《我国环境治理的主体、职能及其关系》，载《暨南学报（哲学社会科学版）》2022年第1期。

资本等形式创新生态环保投融资机制,促进环境治理效率的提高。二是政府—社会组织和公众关系。公众环境意识的普遍提高是政府—社会组织和公众关系优化的基石。企业履责与否是政府—社会组织和公众关系的焦点所在。政府对公众环境宣传教育应当与对企业监督执法保持宽严一致,使各治理主体的生态环境保护权责一致,还应使企业执行的生态环境规范基于人民日益增长的美好生活需要持续改进。三是企业—社会组织和公众关系。纠正企业—社会组织和公众双方信任不足、信息不对称问题是改进关系的方向。既需要加强构建企业环境信用体系,也需要社会组织和公众形成完整的"企业生产行为—环境质量改变—社会组织和公众认知"信息链。政府作为环境质量的代理者,有必要建立二者关系的常态化协调机制。

其次,需要研究环境治理主体关系良好运行的标准。良好运行的环境治理体系体现在主体职能上:一是边界清晰,各主体具备明确的权利、责任、功能;二是分工合作,各主体在自身权责框架内实施良好的互动;三是平衡互动,亦即制衡,各主体间实现环境行为彼此监督。环境治理主体关系良好运行的标准由以下五个维度构成。 是和谐,坚持人与自然和谐共生是生态文明建设的核心,关键则在于环境治理主体关系的和谐。二是制衡,推动环境治理主体关系有序运行是制衡的本质所在。三是稳定,环境治理主体关系应当形成自我调节机制,实现各主体关系的动态稳定。四是公平,环境知情权、监督权和参与权方面的公平是环境治理各主体功能实现的基础。五是效率,指全社会以尽可能低的成本实现环境治理目标,且在行政、市场和社会的维度上均实现效率最大化。环境治理主体的关系通过特定类别主体在不同层次上的互动表现,在政府、企业、社会组织和公众三类主体两两互动的基础上引入另一类主体的参与,则是多元共治的关键特征,从形式上拓展了环境治理的参与面,从效果上夯实了治理主体的动态稳定结构。

最后,需要明确环境治理主体关系的优势、面临的挑战及改进对策。一是环境治理主体关系的优势。①环境治理主体关系调节的制度化。《环境保护法》为环境治理主体关系的创新提供了根本性的依据。通过生态文明体制改革理顺政府内部关系,优化各主体间内部关系的相互关系。生态环境责任追究制度强化了政府的自我完善机制,有利于环境治理主体关系的重构。②环境治理市场和社会手段的多样化。一方面,引入市场和社会机制扩充环境公共物品和公共服务的供给,建立健全市场及利益分配机制,引导社会投资者对生态保护者给予补偿。另一方面,环境治理市场和社会手段有机融合,促进治理效果最大化。③环境治理主体参与度的持续深化。我国的社会组织与公众参与环境治理的渠道不断拓展,参与意识逐步提高。诸如区域污染联防联控和全国碳排放权在交易市场上线交易等创新举措,则打破了行政区的界限,加强了环境治理主体的互动。二是环境治理主体关系面临的挑战。①环境治理制度不够健全。存在顶层设计先行、法律依据不足的问题,于是理顺政府、社会、市场三者在环境治理中的关系是制度设计面临的挑战。环境治理制度在地方上受限于发展路径依赖而落实不足,环境污染投资增速下降,执行不严格且在地区之间存在差异。②环境治理体制不够协调。环境治理体制不够协调所产生的条块分割容易使环境治理各主体相互掣肘,难以形成合力。政府在环境治理各主体中权责亦相对过重,且地方政府倾向于以应对政绩考核为主要目的,难以对企业、社会组织和公众的反馈作出有效响应。③环境治理机制不够完善。各治理主体的责任界限尚存在不明晰之处,对保护与发展的辩证关系认识度也不高。存在环境治理主体参与领域有限、容易走入僵局等问题。地方政府在经济发展和生态环境质量之间的取舍容易产生政府—

企业关系的异化。三是环境治理体系的优化思路。①持续完善环境治理制度。环境治理制度的设计应当同生态环境问题的长期性、全局性和累积性契合，针对各类环境治理主体，健全生态环境保护责任追究制度和环境损害赔偿制度，以强化制度约束作用。同时，理顺主体间关系，形成责任约束，切实响应环境治理各类主体的诉求。②深化生态环境监督管理体制改革。为发挥在环境治理中的主导职能，政府内部要形成统一的、独立监管的体制，对污染防治、自然资源开发利用、重要生态环境建设和生态恢复工作实施有效监管，并使生态环境监管部门独立于被监管的部门和行为主体。③治理机制方面需要明晰环境治理主体的责任。激发权责一致基础上的环境治理主体自律性，将资源消耗、环境损害、生态效益等体现生态文明建设状况的指标纳入经济社会发展评价体系，使之成为推进生态文明建设的重要导向和约束。健全政务诚信为基础的环境治理信用体系，加强企业信用体系建立，同时需要重视促进环境治理手段的融合①。

1.1.3 问题意识与研究目的

1.1.3.1 问题意识

环境治理作为国家治理的一项重要内容，其并非单纯的学术主张，而是由中国现今的基本国情和经济、社会发展需求所决定的。[10]其中，环境治理能力和治理水平的提升是实现国家治理体系和治理能力现代化目标的重要抓手，而构建以政府为主导的环境治理法治体系则是实现中国环境治理能力和治理水平现代化的根本路径。因此，本书研究围绕中国环境治理中政府主导法治化这一研究对象展

---

① 完善行政手段，强化市场和社会手段，使各治理主体的意识和能力同责任和职能相适应，促进环境治理主体关系由二元博弈转向多元共治。建立保障各层次主体关系良好运行的长效机制，着力强化政府公信力、增进市场活力、提升社会凝聚力。

开，深度论证目前学界与实务界对现行相关理论认知错位与法治化实践的功能失范这一基本样态，并从政府为主导、企业为主体、社会组织和公众共同参与的法治化维度进行完善与构建。

1）问题提出

在中华民族几千年的历史演进中，国家治理能力和治理水平高低决定着王朝的强弱与兴衰。作为一种新的国家治理方式，现代意义上的治理不同于传统的"统治"或"管理"，而是在现代法治体系指引下的治理。这种治理遵照了现代法治思想规范，以社会福利最大化为根本目标，通过政府与社会的充分协调，实现两者之间的共治、共建与和谐共享。正如治理理论的主要创始人之一詹姆斯·N. 罗西瑙指出的："与统治不同，治理指的是一种由共同的目标支持的活动，这些管理活动的主体未必是政府，也无须依靠国家的强制力量来实现。换句话说，与政府统治相比，治理的内涵更加丰富。它既包括政府机制，同时也包括非正式的、非政府的机制。"[11]中国学者多将国家治理界定为多元主体对公共事务的管理，亦即现代行政法安排下的国家和社会对公共事务的共同协调治理。学者俞可平认为，"治理一词的基本含义是指官方的或民间的公共管理组织在一个既定的范围内运用公共权威维持秩序，满足公众的需要，治理是一种公共管理活动和公共管理过程，其包括必要的公共权威、管理规则、治理机制和治理方式"。[12]学者何增科则将国家治理（state governance）界定为国家政权的所有者、管理者和利益相关者等多元行动者在一个国家的范围内，对社会公共事务的合作管理，它的目的是增进公共利益，维护公共秩序。[13]从上述关于治理的定义中可以看出，多主体参与是现代国家治理的核心要素。而政府在国家治理当中的地位，则标志着一国社会公共事务治理模式的选择。[14]

事实上,"任何一个国家政权都面临着竞争生存的压力,面临着所属疆域内经济与社会发展的挑战。不同国家因其面临生态环境、统辖规模和治理模式的差异,所面临的困难和挑战也是每每不同"。[15]中国具有辽阔的疆域和复杂的历史文化背景,在社会主义初级阶段,其所面临的国家治理挑战是一般小国所无法比拟的。经济发展压力、国际竞争压力、国家安全压力、环境保护压力等多重问题交织形成了中国国家治理的大环境。在中国庞大的国家治理任务当中,环境治理只是社会公共事务治理中一个方面。但是,现代国家治理并非片面性问题的治理,而是一个问题的治理往往牵动着其他各项问题的治理。改革开放以来,经济发展成为中国国家治理的首要任务,当然中国也在国民经济发展层面取得了举世瞩目的成效。但是,在经济发展的背后,资源消耗与环境污染问题愈发严重。中共十八届三中全会以后,生态文明建设与经济、社会、文化、政治等建设共同纳入了中国特色社会主义建设的总体布局。由此,生态文明建设的战略地位更加明确,中国国家环境治理任务更加迫切。环境治理问题的兴起可以说是社会经济发展进程的产物。环境资源供给与经济发展的正向关系是亘古不变的因果关系。正是这一因果关系所引发的连锁反应,使得政府在应对环境问题时需要考虑多方面因素。

目前,从环境与自然资源保护制度层面来看,《宪法》已明确规定"自然资源国家所有"(包含城市土地资源)的根本制度。同时,《宪法》第二十六条规定:"国家保护和改善生活环境和生态环境,防治污染和其他公害。"可见,根据中国自然资源国家所有权形式,且基于《宪法》生态文明建设与生态环境保护所设定之国家义务,以及由于资源与环境所构成的生态系统的整体性和不可分割性,国家在对自然资源占有绝对性支配权力的同时,自然应当肩负起资源利用过程中的生态环境保护职能。因此,基于法律的授权与政治体制因素的影响,中国建立了以政府为主导的环境治理模式。然而,由于中国庞大的国家治理任务,环境治理政府主导面临的一个重要挑战便是当下中国环境治理的规模及其因此而产生的治理负担。

2) 中国环境治理的特殊困境

首先,超大规模国家环境治理的复杂性。一个国家的国土空间越大、人口数量越多,其国家治理的规模也就越大。而中国国土空间辽阔,人口数量更是居于世界首位,中央政府对于环境治理的主导工作难以直接深入并一以贯之至基层政府。因此,中央政府总体考核与地方政府自由裁量的形式逐渐在环境治理领域形成,中央政府基于全局形势所设定的环境治理目标,需要通过自上而下"层层分解"的方式逐渐下放至基层环境治理的相关部门。而这种形势下的环境治理过程加大了环境信息、组织管理、监督考核、人员流动等一系列交流成本。同时,由于中国地方政府所属区域范围内环境资源禀赋、经济发展水平和区域文化水平的差异性,中央政府必然无法渗透到环境治理的每一个角落。此时,中央政府便需要通过赋权的方式使得地方政府在环境治理方面具有更大的自主性权能。正是由于地方政府有相对宽泛的环境治理权能,使得环境治理任务在与经济、社会、文化、政治等国家治理任务相互冲突之时,容易偏离中央政府基于全局所制定的环境治理目标。这时中央政府又需要通过特定方式加强对地方环境治理行为的监督,抑或收缩地方政府环境治理的自主权能。中央政府与地方政府之间就环境治理目标的"摩擦",便会加剧政府组织内部环境治理的负担和成本。而且,中央政府与地方政府在环境治理目标上的"讨价还价"还会影响区域经济发展的稳定性,使得公民的个人自由与企业的经济自由无法在稳定的政策环境之下得到有效保障,从而引发因环境治理任务对社会经济发展所产生的外溢性损害，加剧政府环境治理的规模和负担。

其次，制度设计的经济发展制约因素。在治理内容上，中国古代的环境治理任务主要是集中在"原生环境灾害"问题上，人与自然互动所引发的"次生环境灾害"并未纳入国家灾害治理的范畴中。即便是仅需应付原生环境灾害，由于古代社会治理水平的低下及治理技术的落后，国家对原生环境灾害的治理都难以应付。随着现代工业文明的发展，技术进步所带来的社会发展附着了极大的生态安全风险，频繁暴发的环境灾害和生态危机，使得国家环境治理内容越来越多样化。虽然说工业文明的发展极大地促进了环境治理技术的进步，提升了国家环境治理的能力，但风险社会的自反性特征及其风险的"飞去来器"效应，次生环境问题与原生环境问题的相互交织，使得现代国家的环境治理依旧举步维艰。特别是环境治理与经济发展的反向效应，更是加剧国家环境治理的困难。

最后，制度执行的难度较大。在具体的环境治理法律和政策的执行过程中，正是由于环境治理内容的多样性，地方政府在环境治理上便需要更多的灵活性和自由裁量权，全国无法通过统一的标准去执行、贯彻和完成环境治理的目标，由此增加了国家环境治理的负担和成本。由于政府环境治理水平的不断提升和发展，在面对各种类型的环境治理问题时，政府会不断尝试各种类型的环境治理制度。但由于不同环境治理制度之间存在的差异和冲突，导致同一环境治理领域的"一地多牌"现象，使得环境治理的公共资源被浪费，增加了环境治理的社会成本。

3）政府主导能力的有限与社会对有效治理的期望：环境治理政府主导的基本矛盾

进一步来论，中国环境治理政府主导的基本矛盾就是政府环治理能力的有限性与社会所期望的环境治理的有效性之间的矛盾。这一基本矛盾体现在以下几种主体关系之上：

第一，中央政府与地方政府之间。在中国政府主导的环境治理模式中，政府承担了完成环境治理目标的主要责任，这种责任并非传统意义上的法律责任，而是政府对环境保护所担负的监督、治理的负担和义务。中央政府所设定的环境治理目标往往出于全局性的对于经济社会发展形势的考量。由于中国环境治理的大规模和高负担，有效的环境治理能力便需要扩张地方政府的环境治理权能，但地方政府基于多项考核因素又往往倾向于"就重避轻"地规避中央下达的环境治理任务，甚或是通过造假规避环境目标考核。此时，中央政府便需要通过限制和收缩地方自由裁量权的方式，使得中央所下达的环境治理目标得以贯彻落实。然而，中央政府对于环境治理权能的集中程度越高、刚性越大，就必然要削弱地方环境治理的权能。因此，由于中央政府无法直接进行环境治理，其有效的环境治理能力就会减弱。

第二，政府主体与社会主体之间。政府主导下的环境治理仅仅依靠政府这一单个主体同样是远远不够的，因此，调动社会主体参与环境治理的积极性是提升政府环境治理能力的有效路径。然而，过度赋权社会主体参与环境治理，会对政府的环境治理行为产生较大的监督和制约功能，影响政府调整环境治理与经济发展目标政策的灵活性，致使政府又会不断限缩社会主体参与环境治理的途径和作用。此时，中国环境治理政府主导又将陷入政府环境治理能力的有限性与环境治理的有效性的矛盾当中。

第三，政府主体与市场主体之间。政府主导下的环境治理仅仅依靠政府的力量很容易导致信息不对称情况下资源的错误配置。然而，以市场为主导对环境治理资源进行配置又会因为市场主体行为的外溢效应导致市场机制失灵，从而难以实现对环境的有效治理。政府为了避免市场失灵导致资源无效配置，又不得不加大对市场主体行为的干预，而这种干预同样会因为政府环境治理能力的有限性而出现信息不对称的情况，进而导致不当干预，难以保证环境治理目标的有效实现。此时，中国环境治理政府主导又将陷入政府环境治理能力的有限性与环境治理的有效性的矛盾当中。

因此，可以认为，集权优势与放权失控的矛盾总是处于一种转折与再转折的状态，并将一直是两种主体关系在环境治理政府主导下的核心问题。

4）矛盾的应对机制及其问题

在调和中国环境治理主导模式所存在的基本矛盾方面，学者们通过建构不同的环境治理模式寻求相应的解决方案，主要包括以下几种观点：有学者通过分析中国权威型环境治理的困局及其成因，提出将公共治理理论嵌入到环境治理当中，从而形成环境公共治理模式，建构起以政府主导，私人、非政府组织积极参与的合作型环境治理机制。这一公共治理范围涉及环境事务中的立法、执法、司法、监督等各个环节，手段上包含政府层面的市场机制和管制措施，同时还包含非政府组织的援助手段和公众的手段。[16]有的学者通过分析环境治理策略的演变与反思，提出环境协同治理的理论构想：权力的目的在于实现合作，而合作意味着分工的深化及其参与者各司其职，运用自己的权力，动用不同的资源，将各种能够动用的资源和能力整合在一起，以达成共同的利益目标。环境协同治理特别强调环境治理的区域性和本土化倾向，强调合作治理和自主治理。[17]有学者基于协作性公共管理的分析框架提出了建构协作性环境治理模式的构想，即强调多元环境利益主体协作参与，以网络结构为基础，借助各类协作运行机制的运转推动，可以实现对信息、人力、能力、物资等资源要素的系统整合。在这一整合过程中，通过联合行动，各类资源依据具体问题适用性和整体目标使命的需要被重新调配，实现协作效应。[18]有学者认为中国现有的环境治理模式是政府主导下的参与型治理模式，其认为应当扩张其他主体在环境治理领域的权力，将参与治理转变为合作治理。在合作治理中，包括政府在内的所有主体以环境公共利益为出发点和最终目标来确立共同的愿景，在维护和增进环境公共利益的目标下开展广泛的合作。[19]

综观上述中国环境治理模式建构的学术观点，多元主体参与是不变的核心要素。在主体方面，各学者观点仅涉及了政府主体与社会主体之间的相互关系，并未谈及中央政府与地方政府之间的相互关系。同时，上述多主体参与环境治理的各类模式要么旨在实现对环境公共权力的监督或者辅助，却依旧无法摆脱集权和放权的矛盾窠臼，要么过分强调与政府之间的平等合作，却又不符合中国现实国情，使得相关环境治理策略无法在现实落地。

5）中国环境治理政府主导法治化面临的问题表现

中国作为社会主义国家，必须保证将代表人民利益作为环境治理的核心目标及其实现的有效性，选择最能体现人民意志和利益的政府主导并通过法治化对其进行有效保障是中国环境治理的必然模式。然而，在选择政府主导的同时，在相应的法治化机制构建过程中，又不得不同时面对政府治理能力有限所带来的治理能力不足，并由此所引发的政府内部分工、政府与社会主体之间的分工，以及政府与市场之间的关系如何处理等方面的问题。因此，如何在坚持政府主导的前提下，充分运用现有的环境治理理论，在法治化途径下通过找出实践运行中存在的相关问题并制定相应的可操作性强的对策，最大程度实现环境治理的整体效能，是相关研究需要进行深入论证分析的主要问题。

第一，跨区域生态环境合作治理的困境与出路。2024年5月22日，网友在社交平台中发布的视频显示，滁河南京浦口段浮现大量的死鱼死虾、河水浑浊不清。视频一经发出，引发广泛关注。有媒体报道称，经实地走访，发现污水源头可能在安徽滁州全椒境内。2024年5月23日，全椒县生态环境分局发布情况说明，称在前述情况发生之后，第一时间协调相关部门关闭汊河闸、襄河口闸截断污水，并开展应急处理、水质监测等工作，正在调查水质异常原因。不过，据央视新闻客户端消息，央视记者多方核实了解到，该污染事件发生后，当地尚未成立调查组。安徽、江苏两地在加强沟通处理中。2024年5月27日上午，滁州市生态环境局通报，经监测溯源，推断位于全椒县经开区的滁州富信石油助剂有限公司为主要污染来源。5月28日，安徽省组成联合调查组，对滁河水体污染事件进行彻查。5月28日下午，安徽省委召开省委专题会议，听取安徽省滁河水质污染事件调查及处置情况的汇报，部署安排污染治理和追责问责工作。5月29日，滁河水体污染联合调查组发布《关于滁河水体污染处置进展情况的通报》，由于全椒县经开区的滁州富信石油助剂有限公司原料仓库发生火灾，部分污染水体外泄，导致滁河部分鱼虾死亡，引起社会广泛关注。这起事件反映了跨区域生态环境合作治理面临的困境。即在当前经济高质量发展的背景下，虽然各行政区在促进经济发展的同时，更加重视对生态环境的保护，但我国传统"条块分割"行政管理模式以行政区划为边界。一般情况下，地方政府仅仅对本行政区划内的环境问题负责，区域性生态问题的协同治理能力低下，跨区域生态环境合作治理依然面临较大挑战。

其一，跨区域生态环境合作治理面临许多困境。一是法律困境。跨区域生态环境治理主体之间错综复杂的关系有赖于健全完善的法律框架加以协调，以增强合作行为的可控制性与合作目标的可实现性。从现行的法律框架来看，尚未出台系统完备、具有可行性的法律法规为区域生态环境合作治理提供保障。值得注意的是，江浙沪皖分别于2021年7月、2021年6月、2021年8月、2022年2月发布了"十四五"生态环境保护规划，结合当前区域内生态环境治理的成果及困境系统规划了未来的治理方向。但从内容来看，四地政府规划在生态环境保护的目标设计、指标体系、主要任务、保障措施等方面存在较大差异，如对"十四五"期间城市细颗粒物（PM2.5）浓度（$\mu g/m^3$）的规定，上海市规定全域小于$35\mu g/m^3$，安徽省规定地级以上城市达到$35\mu g/m^3$，江苏省规定地级以上城市达到$33\mu g/m^3$，浙江省没有设置目标值，规定以国家下达的指标为准，这给跨区域生态环境合作治理埋下了隐患，容易导致合作治理行动的盲目性、随意性、无序性，降低协同治理的效能。二是责任困境。清晰明确的权责关系是推进区域间政府保持良性合作的前提，权责关系不清晰是导致当前跨区域生态环境治理陷入困境的一个重要原因。受政府地方保护、地方行政区划分、治理主体互不隶属等因素的影响，跨区域生态环境治理往往呈现出"多中心"的治理态势。一方面，政府通常被视为环境治理的主导者与责任主体而弱化了个人，尤其是企业在生态环境保护中的责任与义务，造成生态环境治理中的"政府依赖"。另一方面，各协同治理主体存在机会主义行为。在理性"经济人"角色的驱动下，各区域都致力于追求自身利益最大化，不太情愿将资金、人才、技术投入到跨区域生态环境治理之中，使跨区域生态环境治理容易陷入所谓的"集体行动的困境"，加剧了区域利益与整体利益之间的冲突。三是利益困境。在生态系统修复、生态项目合作以及生态补偿等关键领域，利益机制扮演着举足轻重的调节角色。然而，从我国当前跨区域生态环境治理的实践来看，利益表达、分配、共享和补偿等方面普遍存在着相互制约、冲突和不协调的问题。各省以及同一省区内不同地区作为流域治理的主要参与者，在各自利益导向的驱使下，更多地关注自身利益的实现。在缺乏有效利益调节机制的情况下，地方的"理性"选择可能会导致整体利益的"非理性"，使得跨区域的生态环境治理陷入类似于"囚徒困境"的僵局。因此，如何在跨区域生态环境合作治理中关照和满足各区域的利益诉求，如何有效地化解和消弭区域间的利益矛盾和冲突，成为当前亟待解决的重要难题。这不仅需要在制度设计上进行创新，而且需要各方在实践中加强沟通与协作，共同推动跨区域生态环境治理的协调发展。

其二，跨区域生态环境合作治理的出路。"生态文明建设是关系中华民族永续发展的根本大计"，生态环境治理是我国生态文明建设的重要途径。作为一种新型治理模式，协同治理是未来现代社会管理的发展趋势，是推进国家治理现代化的有效路径。从当前跨区域生态环境合作治理陷入的困境出发，走出这种困境的创新路径为：一是完善法律供给。法律是社会治理的重器，要发挥法律调控和制约跨区域生态环境治理的作用。首先要从国家层面加强顶层设计。基于《宪法》和《环境保护法》的框架，增设专门的跨区域生态环境合作治理法律规范，明确各区域合作治理主体的法律平等地位，并详细界定其相应的权利与义务，以确保责任与权益的清晰划分。同时，为了推进治理的法治化进程，需进一步明晰治理的资格条件和法律效力。其次要推进区域生态环境治理协同立法。统一的法治环境是跨区域生态环境协同治理的基础，要推动重点区域跨区域立法研究，共同制定行为准则，为跨区域生态环境协同治理提供法律支撑和保障。进一步完善跨区域政府人大协同工作机制，从针对专项环境问题协商分别立法走向对共性问题协同立法，推动协同立法从实践上升到制度化层面。法律的生命力在于执行，跨区域地区要探索执法检查联动机制，统一执法标准，由立法协同向执法协同延伸。二是建立责任清单。党的十九大报告提出建立"政府为主导，企业为主体，社会组织与公众共同参与的环境治理体系"。强调了多元社会治理主体协商共治的重要性，推进跨区域生态环境治理，不仅需要政府之间的协同，而且要激发个人、企业及各类社会组织的活力，构建责任清单。首先，要明确政府的主导作用。加大中央政府在顶层设计与政策支持层面的宏观调控力度，确保跨区域生态环境合作治理战略的方向性和全局性。省级政府则应积极发挥中观指导作用，致力于构建跨域协同机制，推动区域性法律法规的完善，并对治理效能进行严格的监督考核。同时，要充分调动省级以下政府的积极性，激发其在制度执行和政策落实方面的微观治理能力，确保各项治理措施能够得到有效贯彻和执行。其次，要明晰排污企业的主体责任。深化生态环境损害赔偿制度改革，严格落实企业污染治理、损害赔偿和生态修复责任以及生产者责任延伸制度。坚持"谁污染、谁治理、谁受益、谁付费"的生态责任理念，明确排污企业的责任，确定有区分的责任承担方式，促进各区域自觉承担生态环境治理责任；引入市场化机制，将企业的治理责任通过付费的方式转交给有环保资质的第三方机构。同时，以市场化的生态补偿机制激发排污企业参与环境治理的积极性。最后，要发挥社会组织与公民的作用。一方面，深化政府、企业、高校及科研院所之间的合作，以促进科研成果更有效地转化为生态环境治理的实际行动。另一方面，社会公众是生态环境协同治理的参与者、受益者和监督者，要促进多元主体问责，为公众参与生态环境治理提供广阔的平台和渠道，将生态问责落到实处，根据失责程度追究其相应的政治责任、法律责任、行政责任，保障其对生态环境治理的知情权与监督权。

三是建立利益调节机制①。首先，健全利益协调机制。逐步建立跨区域生态环境治理议事机构、生态环境治理委员会等利益协调机构，以"优化权力配置、简政放权、放管结合"等途径来提升其利益协调的权威性，同时，推进利益协调相关协议法治化、正式化、规范化，让其成为利益协调的规范性、正式性的纲领性文件，切实发挥利益协调的价值功能。其次，优化利益共享机制。相关利益主体在树立"相互认同、彼此尊重、合作共赢"的利益共享理念的基础上，探寻区域间形式多样、内容丰富的正式和非正式沟通协商路径，科学拟定区域生态利益共享制度、办法、条例，严格区域生态利益共享管理流程和监管体制机制，推进区域生态利益共享良性运行。最后，完善生态补偿机制。改革并完善现行的生态补偿相关税制，增加生态保护费和生态服务费，以促使区域生态的"消费主体"承担起相应的生态治理成本，逐步形成以政府为主导、市场化机制为操作工具、企业积极参与的"异地开发"模式；扩大区域生态产品和生态服务供给，增强生态基础设施建设，打造区域绿色产业链条和产业体系。

第二，农村环境治理中政府主导与农民参与良性互动的难题。在政府主导的农村环境治理中，如何动员农民参与始终是基层政府不得不面对的治理难题。农民为什么不参与村庄环境治理行动？行动的"嵌入性理论"提供了一种新的解释框架。在这种解释框架下，农民行动是嵌入在多重依赖关系之中的。农民对国家的依赖性越强，越能回应国家（通过地方政府）的需要参与行动，农民对国家的依

---

① 马克思指出，"人们所争取的一切，都同他们的利益有关"。对自身利益的追求与实现是形塑跨区域合作关系的纽带和桥梁，要构建一套形式规范、内容全面、管理灵活、运行高效的利益调节机制来协调区域生态利益，以实现生态利益共享目标。

赖性越弱，越容易陷入自主性行动。因此，实现农村环境治理中的政府主导与农民参与的互动共振，需要环境整治处理好政府引导和农民主体的关系，必须重建政府与农民的利益关联，并通过政党嵌入和激励嵌入，为农民参与提供强有力的组织领导和源源不断的持续动力。展开来论，农村人居环境整治的主体是农民群众，农民群众既是直接受益者，也是重要参与者、建设者，激发群众内生动力，既是开展环境整治工作的方法手段，也是工作需要达到的效果。一是要摒弃政府大包大揽惯性思维，政府做好该做的事，着力在加强规划引导、加大投入力度、强化技术支撑等方面下功夫，在政治引领、经济活动、社会治理上把群众组织起来，发挥农民群众"自己的事自己办"的思想自觉和行动自觉。二是要增强农民主体意识，广泛动员引导农民群众参与农村人居环境整治的全过程，整治重点听取意见建议，整治过程鼓励献计献策，运行管护发动共同管理、共同监督，杜绝"政府干、群众看"。把村庄清洁行动变成组织农民、引导农民、教育农民的过程，变成提升农民文明素质、改善乡村治理的过程，激发群众的主人翁意识，推动群众自我教育、自我管理，才能保证整治工作顺利推进，才能保证整治效果不反弹、不倒退。三是要探索引入项目竞争机制，优先支持那些农民积极性高、愿意出力的村。要通过一事一议、以奖代补、先建后补等方式，引导农民投资投劳，积极参与相关项目建设，并尽量把一些小型工程项目交给村级组织和农村工匠实施。要加强宣传，提高农民维护村庄环境卫生的主人翁意识，倡导健康生活方式。严格实行"门前三包"制度，引导群众"扫好门前雪"，发动群众相互监督、对外监督，进一步完善建立广覆盖、多层次的村庄保洁机制，防止边整治边反弹。四是充分发挥乡镇主要负责人的"一线总指挥"作用，组织动员农民群众主动投身村庄清洁行动,将人居环境整治提升内容纳入积分管理、村民管理,通过正向激励反向约束等机制,充分调动群众的积极性和创造性,让农村人居环境整治这项工作从"要我干"变成"我要干",从"逼着干"变成"比着干",顺应农民日益增长的美好生活需要,形成人人参与、人人监督、不断改进的良好氛围。

第三,政府主导型农村生活污染治理体系的构建难题。党的十九届五中全会指出,深入实施可持续发展战略,完善生态文明领域统筹协调机制,构建生态文明体系,促进经济社会发展全面绿色转型,建设人与自然和谐共生的现代化。为实现这一目标,则必须构建起政府为主导、企业为主体、社会组织和公众共同参与的环境治理体系,实现国家环境治理体系和治理能力现代化。政府主导型环境治理体系的构建方式对农村生活污染治理有着指导作用,为农村生活污染治理带来了新的管理思路与管理方法。而现有的农村生活污染治理存在以下问题:一是环境治理理念与管理方法落后。农村生活污染相比于城市生活污染更具有地域性、多样性、季节性等特点,在治理过程中不能简单地照搬城市生活污染治理方式。由于农村生活环境和农民生活习惯等差别,农村生活污染治理需要分类型、分区域、分时段来进行。当前,很多农村生活污水简单照搬城市生活污水处理方法进行截污纳管,不仅投入大、成本高、日常运行困难,而且难以与农村生产生活环境相适应,造成农家肥等资源浪费。对此,部分学者认为需要明确政府部门的职责,建立农村生活污染管理体系。构建政府主导型的农村生活污染治理体系,首先要明确政府管理部门的职责。从中央到地方,需要构建起上下统一的农村生活污染管理体系。以环保部门为例,在中央和省级以环保部门为管理主体，到了地方仍需要地方环保部门来牵头管理农村生活污染问题，减少多部门管理上的责任不清、资源浪费、标准不统一等问题。二是环境治理主体不明确。农村生活污染治理的责任主体仍不明确。以生活污水处理为例，从中央和省级部门情况来看，住房和城乡建设部的村庄整治、生态环境部的农村环境综合整治、农业农村部的农村清洁工程、全国爱卫办的农村改水改厕均涉及农村生活污水治理。省级层面基本由住建、环保部门牵头，少部分省市由农委、财政部门牵头。从地方上来看，管理部门较多、情况更为复杂，管理主体责任不明确。有的地方是环保部门来进行管理，而有的地方则由农业部门、水利部门或者卫生部门来管理，甚至还有的地方是由村委会自行管理。各管理主体之间缺乏有效沟通，造成农村生活污水治理上的标准不一、效率低下等问题。对此，个别实务界专家主张要加大财政资金投入，支持农村生活污染基础设施建设，逐步加大农村生活污染治理的财政资金投入，坚持有重点地分类推进。由于当前农村生活污染治理刚刚起步，财政资金投入也有限，需要根据农村地区的实际情况进行分类治理，尤其是一些环境敏感地区，可以作为治理的主要目标进行优先治理。同时，中央部门还需要整合专项资金来治理农村生活污染，加大财政资金使用的保障力度。除此之外，各省、市、县等地方政府部门也需要安排配套的资金来治理农村生活污染，确保农村生活污染治理体系能够逐年健全。三是环境治理资金投入不足。从现有农村生活污染治理的投入来看，资金还远远不足，难以建立起基本的农村生活污染治理配套设施。为此，许多学界和实务界人士提出要转变环境治理理念，提高环境治理效率。在农村生活污染治理过程中，管理者的管理理念与管理方法至关重要。农村环境问题相较城市环境问题更具复杂性、多样性、季节性等。对此，管理者需要结合各地农村的实际状况来分类型、分时段地考虑，能够从农村自然环境和农民生活习惯特点出发，综合考虑、制定农村生活污染治理方案。例如，靠近城市的郊区农村由于具有人口聚集、城市化水平高等特点，可以就近把生活污水纳入城市生活污水治理体系，降低治污成本；有些偏远地区的农村由于居住分散、人口数量少，则不需要进行截污纳管，可以根据农村生产生活特点通过农家肥利用、沼气池处理等方式进行，提高资源的利用率。

1.1.3.2 研究目的

从研究对象确定为中国环境治理政府主导法治化及其目前的文本规定与运行实践、存在的突出问题来观察与审视，对其进行研究的目的应该包括以下两个层面。

1）理论上审视元治理理论对中国环境治理政府主导法治化的指引逻辑与实践偏差

中国环境治理政府主导法治化的内在机理或者是必要性证成，主要包括从中国环境治理模式演变的历史维度，以及中国作为社会主义性质国家必然选择政府主导的辩证维度，对中国环境治理政府主导的必然性进行充分阐述和论证，为后续相关论述提供相应的逻辑支撑。同时，中国环境治理政府主导法治化的实证考察可以分为制度文本梳理和实践运行考察，包括立法、执法、司法、法律监督等具体运行过程，以及对蕴含二者之中的中央和地方分工的情况进行详细阐述，为后续审视存在的突出问题和提出相应的完善路径提供实证基础。

2）实践上构建元治理理论指引下的中国环境治理政府主导法治化三维保障路径

党的十九大将"着力增强改革系统性、整体性、协同性"作为实现进一步全面深化改革并进而确保获得重大突破的重要举措,将"更加注重改革的系统性、整体性、协同性"正式写入了党的章程。对中国环境治理政府主导法治化的制度体系的构建也应以此为指导,构建具有整体性、系统性与协调性的制度体系,理顺与此相关的一系列关系,包括宏观上改革和治理的关系、治理与法治的关系,中观上政府权力体制改革(尤其是行政执法体制改革)与政府主导的关系(尤其是如何通过改革强化政府主导、何种主导以及提升效能)。

具体来讲,针对中国环境治理政府主导法治化存在的核心问题,即元组织治理职责不清导致监管效率低下、元交换信息失真导致企业自律治理失范和元约束缺乏不同主体间协调和配合等,从界定以环境行政部门为核心的环境治理权力元组织职责分工体制、确立以环境行政部门为核心的元组织治理框架、构建统一高效的对企业进行监管的元交换制度体系和创设社会组织和公众参与的元约束机制等维度进行优化与构建。其中,需要重点研究的是农村环境治理中政府责任应当如何实现。元治理视域下农村环境治理中政府责任的实现,不仅需要政府承担起最主要治理主体的责任,而且需要政府充分尊重市场主体、社会组织以及公民个人等在治理中的地位。政府对此应充分发挥"同辈中的长者"作用,不仅要与其他主体平等对话协作,而且要积极引领其他主体参与到农村环境治理中来,形成治理合力。[1] 一是以增加财政投入和构建多元治理体系实现政府最主要主体的责任。在我国发展过程中,城乡资源配置长期处于失衡状态,农村不仅是我国社会稳定发展的稳压器和蓄水池,还是我国

---

[1] 曲延春:《农村环境治理中的政府责任再论析:元治理视域》,载《中国人口·资源与环境》2021年第2期。

环境污染的缓冲带。但是，与城市环境治理相比，农村环境治理难度更大，修复难度也更大。因此，政府应高度重视农村环境治理，改变环境治理的城乡差序格局，提高公共服务均等化的针对性和可及性，实现城乡环境治理的一体化。为此，不仅要完善地方政府官员的政绩考评体系，加大官员晋升中生态环境治理状况考核力度，而且应按照公共产品的受益范围原则，清晰界定各级政府在农村环境治理中的责任。在此基础上，增加农村环境治理的财政投入。在财政投入标准上，应以环境治理水平较高的发达国家为标准。在20世纪70年代发达国家环保投资已经占到GNP的1%~2%，其中美国为2%，日本为2%~3%，德国为2.1%。"十二五"期间，我国环保支出（含污染治理设施直接投资和运行费用）占GDP的比例平均值为1.13%，比基本越过治污高峰的欧盟28国平均水平（2.15%）还少1.02%。我国污染治理设施直接投资占全社会固定资产投资的比例平均值为0.9%，比欧盟成员国平均值少2.9%。借鉴发达国家标准，政府应大力增加对环境治理尤其是农村环境治理的财政投入，尤其要增加农村基础环境设施建设，补齐农村环境治理短板。增加农村环境治理财政投入，关键是增加对基层政府的专项转移支付。有学者研究发现，每增加1%的专项转移支付，地方将会增加0.75%的环保支出。而每增加1%的一般性转移支付，地方政府将会减少0.387%的环保支出。因此，与可支配度较大的一般性转移支付相比，专项转移支付更能激励地方政府环境治理的积极性。因此，对于地方政府农村环境治理的财政投入应以专项转移支付为主，以提高财政资金环保支出的使用效率。同时，在农村环境治理中，作为农村环境治理体系的构建者，政府应积极塑造农村环境治理的多元主体合作伙伴关系。农村环境治理的有效性不仅取决于各个治理主体的责任担当程度，而且取决于相互合作程度，政府作为

"同辈中的长者",应当充分发挥自身主导和引领作用,有效整合各参与主体力量,努力协调企业、社会组织以及公民个人的作用,为多元主体作用的发挥创造良好政策环境。

二是强化监督责任重点保障 PPP(Public – Private – Partnership,政府与社会资本合作)模式实施。环境治理 PPP 模式的最终目标是要保证环境有效治理的实现。因而,政府在农村环境治理项目的全周期运行过程中都要担负起监督责任。在农村环境治理的 PPP 模式中,地方政府既是项目履约方,又是监督方。因此,一方面,政府既要保证项目的顺利实施,同时又要对企业的利润进行调节,代表公众利益的同时保证企业参与方能够得到合理收益。另一方面,政府要对项目的实施特别是运行过程和运行质量进行监督,防止出现重建设、轻运行的现象。为此,政府应完善 PPP 模式的相关法律规范。目前 PPP 模式的相关规范性文件主要是国务院及各部门根据国务院政策要求制订的各类管理办法,这些管理办法难以保证 PPP 项目的稳定性。因而,对于 PPP 项目的立项、审批、监督、执行等过程,都应通过法律进行明确规定,通过完善相关制度立法,保障 PPP 项目的稳定与可持续性。同时,应突出政府监督的重点。PPP 模式虽然能够弥补政府环境治理的不足,但是也应认识到,公共产品供给是政府的应然责任。在 PPP 项目中,政府应当是主导者,对农村环境治理 PPP 模式中的服务价格、服务质量、服务绩效,政府应重点严格监督,这既是保证公共利益实现的关键,又是保障 PPP 模式顺利实施的前提。

三是提升环保组织运行能力积极支持参与。针对我国社会组织发展实际,政府应通过提升社会组织发展能力来支持社会组织参与农村环境治理。首先,放宽登记管理制度。尤其是环保类社会组织属于纯粹公益性社会组织,在我国双重管理体制下,民政部门和环保部门应重点从社会组织管理体制着手,可以实行直接登记制度并放宽登记管理制度,提升社会组织参与农村环境治理的合理性和合法性,促进社会组织参与治理效率的提高。在美国,联邦政府和州政府是通过设立项目基金和课题招标等方式为非政府组织提供有针对性的资助,并通过信息共享、人员培训和咨询指导等手段,积极、主动地与民间组织合作,共同提供公共服务。借鉴美国做法,地方政府可通过政府购买服务形式鼓励和支持环保社会组织参与农村环境治理,并委托环保社会组织开展环保宣传教育活动。同时完善政府购买服务的主体遴选机制、运行监管机制等,推动环保社会组织参与农村环境治理的规范化。其次,积极帮助社会组织完善内部治理结构。督促其建立健全以章程为核心的各项规章制度,加强内部管理规范化,同时帮助环保社会组织加大专业人员招募和培养力度,不断提升其专业服务水平。

四是通过提高农民环境意识和制度信任水平等引导参与。首先,应增加农民环境治理意识。引导农民参与环境治理,离不开村民自治组织作用的发挥。在我国乡村治理制度框架中,村民自治组织是最具合法性的乡村组织,是自治、法治、德治相结合的治理体系的重要方面。政府应以村民自治组织为载体加强宣传教育,运用行之有效的方法和农民喜闻乐见的方式,提高农民对环境治理的认同程度。同时,可以通过环境治理议题的设置和公共空间的建设,形成农民主动参与环境治理的良好社会氛围。在这个过程中,应重视发挥农村社会资本的作用,农村社会资本中的非正式规范、人际关系以及道德声誉对于农民行为具有重要影响,因而,应重视乡村社会资本的建设,充分利用农村熟人社会的特征,提高农民环境治理的参与程度。其次,应提高农民的制度信任水平。良好的制度信任水平有助于充分调动农民参与环境治理决策的意愿,而构建科学高效的环境污染监管体系则是提升农民制度信任水平的基础与保障。因此，应当制定科学合理的环境污染监管政策、标准和规范，加强环境污染监管队伍建设，打造规范、公正的环境污染监管制度环境。在此基础上，严格并强化制度实施。最后，鼓励农村社区建立农民参与的激励机制。如上海农村社区在创建"美丽乡村"过程中强化利益引导激励机制，借助利益激励激发公众参与农村环境治理的广度与深度。

1.2 研究现状与研究意义

1.2.1 研究现状

1.2.1.1 国内研究现状

1）法学、社会学

由于经济建设高速发展带来环境的不断恶化，中国的环境治理理论被不同学者从不同学术角度进行分析论证，主要有参与式治理与合作式治理的环境治理模式等。典型的有：俞海山（2017）运用对比方式，对参与式治理和合作式治理表达看法，其认为参与式治理重在强调由政府进行主导，公众等其他主体共同参与，但最终仍是要求政府实施决策并承担其中的有关责任，而合作治理则具体指各类治理主体在地位方面实现平等的基础上进行谈判及沟通，并共同担责。[20]通过对比可以看出，参与式治理中各个主体地位呈现出不平等特征，而合作式治理下的政府职能及实施方式是引导而不是控制，后者更能激发与推进多元主体积极参与。对此，不同学者观点略有差异：杜辉（2013）认为，目前存在三类交错互动的角色主导环境治理的制度依据——国家、科层制权力及社会公众，主张环境公共治理模式的本质属于合作形式,并且其合作范围十分广泛;[21]邓可祝(2018)提出,中国环境治理的法治建设,实际是以重罚作为其核心理念的威慑型环境立法,但合作型环境法则更符合中国环境发展的现状及其需求,其中,合作型环境法可以进一步划分为自主型、契约型、实施型、评价型和代理型;[22]王曦(2014)认为,新《环境保护法》修改的突出亮点是转变了环境治理模式,即由环保部门"单打独斗"的一元治理形式转向政府、企业和公众三方主体的多元治理形式;[23]秦鹏(2016)主张环境协商治理模式属于较为理想的模式,其指出公民参与是必备的环节及程序,同时必须是十分有效的参与,目的是深度参与政府制定的治理政策;[24]张康之在其2014年出版的《合作的社会及其治理》一书中认为,非政府组织、社区等具备新兴社会主体的特点,可以从主体层面为形成多元共治的社会治理格局提供一定程度的社会实践基础。此外,由于网络化公共服务的发展及其模式的成熟,学界对网络化治理展开系统探索且逐渐深入[25]。典型的如:陈振明在2003年出版的《公共管理学——一种不同于传统行政学的研究途径》一书中认为,网络化治理的实质是将公共权力进行分解,即推进各类治理主体参与环境治理,其主要是借助合作范式以确保实现公共利益。[26]刘波与李娜2014年合作的《网络化治理——面向中国地方政府的理论与实践》一书运用动态和静态解析范式系统整合了网络化治理路径。[27]汤瑜等(2024)从异质性社会反馈、差序回应与政府环境治理三者的逻辑关系展开研究,认为在推动生态文明建设,落实资源环境保护的进程中,自下而上的社会反馈是否发挥作用,地方政府如何回应民众环保诉求备受关注。研究基于2011—2020年中国30个省的面板数据,通过实证研究探讨社会反馈对区域污染排放的影响,并建构"信号—约束—回应"模型进一步考察地方政府面对社会反馈何以呈现差异化回应策略。研究发现，各地区污染物排放呈逐年下降趋势，其中社会反馈与区域污染排放呈负相关关系，即关于环境问题的社会反馈能够释放某种信号和压力引起政府回应。对社会反馈与治理任务进行细分可以发现地方政府在回应环境的社会反馈时，在回应对象上偏好信号效应突出的强信号社会反馈，在回应内容上偏好绩效特征突出的显性绩效任务。进一步分析可发现由于注意力资源的稀缺性以及由此产生的注意力竞争和分配，地方政府经过恰当调适后做出差序回应的理性选择。该研究认为，为提升环境治理绩效，地方政府应进一步平衡对不同类型社会反馈回应的力度，平衡显性绩效与隐性绩效治理任务，发挥社会参与环境治理和政府环境规制的协调效应。研究为理解环境治理视阈下社会反馈绩效和政府回应形式提供了重要参考，对中国环境治理体制研究亦有一定贡献。[①]

2）环境社会科学

随着环境问题的加剧，学界逐渐认识到环境研究的专业性和复杂性决定了传统的单一学科研究视角已很难把握其完整面向。对此，学界开始关注环境问题研究的传统学科领域，如政治学和社会学等。目前来看，学界对环境社会科学的属性尚未形成通说。从整体来论，环境社会科学是将社会科学作为展开研究的角度，将人类和自然环境的逻辑关系作为研究对象。从结构层面分析，环境社会科学是多个子学科共同组成的跨领域学科群。从内容上观察，具备多元学科知识储备的研究人员从政治学、社会学、法学、管理学进行探索，同时产生了环境政治学、环境社会学、环境法学与环境管理学等新

---

① 汤瑜、刘哲、王子瑜：《异质性社会反馈、差序回应与政府环境治理》，载《公共管理与政策评论》2024年第3期。

兴学科。从研究价值上审视，环境社会科学的迅速发展从不同学科视角进行理论建构和范式更新，可以为环境治理冲突提供更为完整的学理支撑和治理方案。

从研究方法来考察，环境社会科学坚持社会学研究的基本范式，反对理论推演式的"规范研究"，要求深入实际现场开展"实证研究"，进而获得"全景式扫描"。典型的如：陈阿江与闫春华（2020）深入科尔沁地区开展实地调研，认识到生态环境的恶化能够导致生态较为脆弱区域容易陷入"贫困恶性循环"的困境；[28]学者高新宇、曹泽远、王名哲（2016）针对导致环境污染的农村秸秆焚烧进行实地考察，了解和掌握了目前政府这一政策实际失灵的社会文化动因[29]；李坤、唐琳（2024）从政治风险、生态绩效双重逻辑来研究地方政府环境治理策略①，认为新时代生态政治理念、话语体系以及制度环境深刻变化的宏观场域环境决定着地方生态环境治理理念、治理模式的变迁逻辑。在国家特定重点生态保护区，面对生态环境政治压力，地方治理主体已逐渐从发展型政府向生态型政府转型，逐渐遵循政治风险规避、生态绩效生产两个维度来展开环境治理，二者交互影响，推动地方环境治理，持续构造生态"政绩安全区"、生态绩效"指标加码、可持续化、再结构化"的新机制以及地方生态保护与经济发展"调适性联结"的治理模式。

从研究内容来看，主要从环境社会学、环境治理实践、地方政府环境治理绩效等方面展开深入研究。典型的有：学者洪大用（2017）从环境社会学层面展开探究，主要是运用社会学的理论框架来观察与分析实践问题，目的是借助社会学的理论知识分析环境治

---

① 李坤、唐琳：《政治风险、生态绩效双重逻辑下地方政府环境治理策略：对一个生态县环境治理的案例观察》，载《云南财经大学学报》2024年第4期。

理中的"人类"和"人类社会"[30]。同时，也从社会学的理论层面思考企业环境行为，认为目前的环境社会学在整体上呈现出对企业环境行为的研究较少触及和深度欠缺样态。[31]顾辉（2018）运用环境社会学研究的理论范式探讨了与环保有关的重大工程社会稳定风险评估体系的完善与构建等现实命题。[32]陈阿江（2009）[33]及其团队中的李鸿香（2020）对太湖等地的水环境进行实地考察，进而提出经济、环境、社会等合作多赢的发展类型。[34]陈涛等（2020）指出，在环境治理的具体实践中，常规性的治理失灵与压力传导机制通常会引发专项治理，但不同情境下的专项治理绩效存在一定的差异，其深层次的诱因呈现出结构化特征，对此应坚持系统治理理念。[35]范叶超（2020）等对环境共治这一核心命题的主张是重点搭建多元主体共同参与治理环境的格局，即综合运用行政手段、法治方式和市场机制来优化环境保护的责任体系、行动体系、监管体系与信用体系。[36]谢文栋、王峰（2024）对多重制度压力如何影响地方政府环境治理绩效展开研究并认为，加强生态文明制度建设，促进人与自然和谐共生是实现中国式现代化的重要一环。他们基于中国环境治理制度情境，结合组织制度主义理论构建分析框架，以2013~2020年我国地级市面板数据作为案例样本，采用动态定性比较分析（qualitative comparactive analysis，QCA）方法深入探讨了制度压力影响地方政府环境治理绩效的组合路径及动态变化过程。研究发现，单一制度压力在不同时期均不构成产生高环境治理绩效的必要条件。存在三种典型的高环境治理绩效的制度压力类型，分别是"强制性压力引领型""模仿—规范性压力协同推动型"和"强制、模仿和规范性压力联动型"。这几种制度压力组合在研究时间范围内具有较强的稳定性，地方政府环境治理模式具有明显的路径依赖特征，但地方政府环境治理绩效的驱动机制逐渐由强制性压力引领型向强制、模仿和规范性压力联动型转变,多重制度压力的联动效应在地方环境治理中的作用越来越明显。①

3)管理学

对环境治理从管理学视角的探索既需要重视运用环境管理的基础理论、方法、环境管理体制等管理要素,又要突出环境管理战略、环境保护政策和环境治理的创新路径等环境治理的制度与机制范畴。对此,比较有代表性的研究有:施祖麟、毕亮亮(2007)认为,目前的流域管理和行政区域管理的基本矛盾是中国跨行政区域中水污染治理的突出难题,破解的路径是在保持条块结合的政府层级结构前提与原则下推进管理体制的适度创新,且需要依托机构、机制、法规等综合性的配套改革以协调现行管理体制中流域和区域中各部门、不同层级部门之间的矛盾。[37]蒋辉与刘师师(2012)通过对湘渝黔地区"锰三角"环境治理的实证分析,指出传统的行政区治理方式已无法回应现代跨域环境治理的实践需求,"锰三角"的环境治理模式值得肯定的是形成了较为常态化的"多元治理、协同共生"模式,可以有效实现治理资源在区域主体之间的跨界流动。[38]陈涛(2011)注意到目前中国"事件—应急"型环境治理范式存在的结构性缺陷,其不但很难彻底解决环境难题,还可能会导致更大的环境问题和社会矛盾。[39]学者杜辉(2013)通过对科层制逻辑的运行进行分析,认为其必然会造成地方政府在功能定位、权力配置与运行机制等方面的功能异化,从而减损或消弭环境法律的治理效能,隔离社会公众和环境治理的互动。[40]张志胜(2020)分析中国农村环境治理认为,对于推动乡村社会的全方位多维度振兴,需要创新

---

① 谢文栋、王峰:《多重制度压力如何影响地方政府环境治理绩效:基于地级市面板数据的动态 QCA 分析》,载《中国行政管理》2024 年第 1 期。

以地方政府为主导，地方企业、农民、非政府组织、农村社区等持续参与的环境治理模式。[41]郝志斌（2020）认为环境效益债券可以将社会资本融入农村环境治理，以此形成政府为农村环境治理的可验证结果付费和政府、市场、社会主体等协同参与的环境治理形式。[42]李永健（2019）认为，中国环境管理的"河长制"主要是借助加强首长责任制的中心力量来推进涉水部门的力量整合，是目前中央到地方主要推行的水环境治理运行机制，其有效解决了中国流域治理中的协同失灵与碎片化难题。[43]对于"河长制"，史玉成（2018）认为其本质上是基于科层制环境管理体制的缺陷而创设的水环境治理制度机制，对其的规范建构需要从法律系统与政治系统进行考量。[44]于文超等（2014）深度分析了公众诉求和对地方官员的内在激励在地区环境治理中的重要影响，分析后发现，公众的环保诉求可以推动地方政府采取更多更有效的环保措施。[45]冉冉（2013）对此则考察了中央政府的政治激励和地方环境治理的逻辑关系，结论是：环境治理绩效对官员升迁的政治激励价值比较微弱，其内在原因是目前环境保护的"压力型"负面激励模式难以发挥其应有的作用。[46]昌敦虎、白雨鑫、马中（2022）的《我国环境治理的主体、职能及其关系》①根据生态文明建设以及环境治理体系现代化的构建要求，对当前我国环境治理的特征进行系统梳理，基于对政府、企业、社会组织与公众作为环境治理主体及职能的分析，划分出治理主体间关系、各治理主体内部关系以及各主体间内部关系的相互关系为环境治理主体关系类型，提出以"和谐、制衡、稳定、公平、效率"为识别环境治理主体关系良好运行的标准。我国在政府主导

---

① 昌敦虎、白雨鑫、马中：《我国环境治理的主体、职能及其关系》，载《暨南学报（哲学社会科学版）》2022年第1期。

基础上的多元共治已经形成环境治理主体关系调节的制度化、治理和市场手段的多样化、治理主体参与度的持续深化三大优势，然而在环境治理制度健全度、环境治理体制协调度和环境治理机制完善度方面面临挑战。为了持续推进生态文明建设，实现碳达峰、碳中和目标，我国应持续完善环境治理制度，深化生态环境监督管理体制改革，明晰环境治理主体责任，促进环境治理手段融合。

1.2.1.2 域外研究现状

从域外国家与地区的环境治理政府主导模式来审视，环境治理领域治理模式的转变，均存在相应的理论支撑及其有关的制度动因。

1）政府履行环境治理职能的环境国家干预主义

二十世纪五十年代到七十年代，西方发达国家陷入生态危机困境，社会公众的环境保护意识因此逐步提升。在这一背景下，基于实践中的市场失灵现状，对于环境治理采取的是国家干预主义，即运用"命令—控制"的范式推动环境治理。[47]环境治理中的国家干预主义，从性质上来进一步审视，政府既是当代人的受托人，又是后代人的受托人，对此，政府有必要运用法律规制或行政手段来避免环境等公共资源进一步被破坏，这是对环境治理采取国家干预主义的制度动因。因此，政府的核心任务是运用立法来规制增长的范围。

2）排斥政府干预环境治理的以所有权为核心的环境市场自由主义

二十世纪七八十年代，环境治理模式逐渐转向所有权作为其基础的环境市场自由主义，其特点是排斥政府干预环境治理，强化与突出市场机制是环境治理的核心，即：有效运用市场所特有的调整手段，对环境保护和自由市场以创新形式进行深度融合。① 对此，庞古的《福利经济学》认为，依托对具有负外部性的活动征收税收的形式来推动外部行为的内部化，即采取激励措施而不是直接的行政处罚实现对外部行为的有力矫正。[48]

3) 政府协调的环境社会中心主义

二十世纪八十年代之后，环境社会中心主义理论被广泛运用，其理论内核是运用民主协商、合作治理和社会参与等化解环境治理的现实风险，强调的是多元主体之间的沟通和互动。展开来讲，这一理论认为社会公众为维护公共利益可以采取集体行动，倡导社会公众重视资源使用者自主治理的价值。[49]对此曼瑟尔·奥尔森认为，在众多人享有共同利益的背景下，个体的单独行动根本无法确保实现公共利益。[50]对此，自主治理理论提出，集体性质的行动必须解决以下难题：新制度的供给、可信承诺及其相互之间的高效监督。[51]贝茨主张，制度能够为公众提供的是平等的公共服务平台，而其中的每个个体一般是选择以最小化负担实现最大化利益。[52]乔恩·埃尔斯特针对相互监督的制度机制，指出了一种可能性，即能够对任务进行充分组织，确保其在没有附加努力的背景下完成监督工作。[53]日本学者松冈俊二提出环境管理的社会能力这一概念，该理论深度分析了政府、企业、居民等主体之间的作用和相互影响，将环境管理社会能力的发展阶段具体分为体系形成期、效果产生期、自律期，后续日本环境管理社会能力的形成与发展过程则验证了这一理论的正确性。

---

① 市场自由主义认为，对于环境污染的治理应将所有权作为基点，以此构建严格的产权制度，并采取法律手段对其进行有效保障，因此，反对政府对污染问题进行过多的干预。

1.2.1.3 研究评述

国内外存在的对环境治理模式的研究，对环境治理过程中包括政府在内的不同治理主体的作用机理以及存在的问题和对策进行了较为详细而深入的研究，并取得了一系列影响较大的成果。然而，从中国环境治理政府主导法治化研究的角度，相关研究成果主要存在以下两个问题：

一是缺乏对中国环境治理由政府主导及其法治化的必然性与可行性论证。目前的研究过度强调在政府治理能力有限的情况下社会力量参与治理的必要性与可行性，而忽略了在社会力量参与下为了保证治理效果与人民利益的一致性，政府主导环境治理及其法治化的必要性与可行性。

二是缺乏对环境治理政府主导法治化的系统深度研究。目前的研究主要从社会学和政治学的角度对环境治理进行研究，而缺乏从法治的角度对中国环境治理模式的法治化进行深度审视。

1.2.2 研究意义

按照学术研究应重视与强化系统性、整体性、协同性这一基本要求，本书研究是在现有研究成果存在的相关缺陷的基础上展开的，借助元治理理论这一分析工具与理论视角对中国环境治理中政府主导的法治化现状、存在的问题及其完善路径进行综合性与全面性审视与构建，理论与实践上均有效填补与补强了国内外相关研究的空白。

1.2.2.1 理论价值

理论上对中国环境治理必须由政府主导及必然实施法治化治理模式等问题的法理进行历史和现实的辩证分析，并对政府主导的法治化进行相应的理论框架构建，从而为中国环境治理政府主导的法治化体系奠定坚实的学理基础。

1) 厘清中国环境治理采取政府主导模式的必要性及其实施法治化的内在逻辑

目前，学界与实务界对中国环境治理是否由政府主导、如何主导，以及法治化的价值指向等认识比较混乱，本书从中国环境治理历史变迁中政府的角色定位及其实现形式的历史，以及中国社会主义国家性质、人民至上的利益导向和政府治理的主体责任等现实实践两大维度进行了回应。

2) 丰富元治理理论在中国环境治理政府主导法治化中的实践内涵

本书研究从整体性视野梳理中国环境治理政府主导法治化的文本及其运行实践，并以此为基础，运用元治理理论审视目前存在的突出问题，进而发挥其对政府主导法治化的指引与矫正价值，能够有力丰富元治理理论在中国环境治理政府主导法治化中的实践内涵及其运用机制。

1.2.2.2 实践价值

实践上，本书通过对现有制度体系文本及其相关运行机制和分工情况的分析指出其中存在的问题，针对性地提出解决策略，为中国环境治理政府主导的法治化进程提供必要的实践指导参考和借鉴。

1) 论证元治理理论观照下环境治理中政府主导法治化的文本与实践缺漏

本书运用元治理理论来深度审视中国环境治理中政府主导法治化的文本制度及其实践运行中存在的主要问题，体现为元组织治理职责不清导致政府监管的效率低下、元交换信息失真导致企业作为治理主体的功能失范和元约束的缺乏使协同治理难以实现。

2) 创新元治理理论在中国环境治理政府主导法治化中的运用机制

本书整个研究的展开是在坚持问题导向的基础与原则下，创新元治理理论在中国环境治理政府主导法治化中的运用机制，并重视论证元治理理论与中国环境治理政府主导法治化的契合性，既是元治理理论在环境治理政府主导法治化中运用的有益探索，又为中国环境治理中政府主导的法治化提供制度供给与实践指引。

1.3 研究思路、方法与创新及不足

1.3.1 研究思路

在元治理理论指引下，对中国环境治理中政府主导法治化的研究展开需要从运行观察、价值耦合、问题审视和完善维度这四个方面展开。

第一部分：中国环境治理政府主导法治化的现状考察。对中国环境治理中政府主导法治化的运行效能进行考察可以从制度文本构成和实践运行两大方面展开，其中对实践运行的考察应从立法、执法、司法、法律监督等具体运行过程及蕴含其中的中央和地方政府的分工情况进行详细梳理，目的是为后续审视存在的突出问题和提出相应的完善路径提供实证基础。

第二部分：元治理理论与中国环境治理政府主导的价值耦合。元治理理论与中国环境治理政府主导法治化的逻辑起点和实现方式有高度契合性，二者的逻辑起点在于环境治理的非政府多元参与者主要是企业、社会组织和公众等，针对必然出现的环境治理行为之间冲突，需要通过政府主导的方式介入多元治理主体的治理行为之中进行更高层次的协调，实现方式则是通过政府主导的法治化，有效实现多元环境治理主体的相应治理资源的有效整合。

第三部分：元治理理论观照下中国环境治理政府主导法治化的问题审视。元治理理论的元组织、元交换与元约束和中国环境治理政府主导法治化的分析工具价值上具有高度契合性，其可以为观察中国环境治理政府主导法治化的制度文本与运行实践提供分析工具。笔者认为，中国目前的环境治理政府主导法治化存在的核心问题是由于元组织治理职责不清而导致政府主导法治化时监管效率低下、元交换信息失真，进而引发企业主体法治化的自律治理失范和元约束机制缺乏，致使社会组织和公众共同参与法治化的协同治理效能难以发挥。

第四部分：元治理理论观照下中国环境治理政府主导法治化的完善维度。第一，界定政府主导下环境行政部门环境治理权力法治化的元组织职责分工体制。一是确立以环境行政部门为政府主导核心的元组织治理框架，即环境行政部门作为元组织对环境治理具有的功能和环境行政部门作为元组织的职责设置；二是建立公益诉讼理论下的司法与行政衔接机制，即贯彻充分尊重行政权力的原则、设置案件审理缓冲期、法律框架内尽可能调解结案、判决前征求环境行政部门的意见。第二，构建企业主体统一高效监管法治化的元交换制度体系。一是制定科学统一的企业环境责任体系标准，即统一的企业环境责任体系标准应当具有明确性、应当明确企业对于自身治理行为的最低标准义务、构建统一的企业环境责任体系标准的评价机制；二是设置规范高效的检查监管程序，即保证相关程序的合法性、科学性。第三，创设社会组织和公众共同参与环境治理法治化的元约束机制。一是推进党领导政府主导环境治理的法治进程；二是优化以公共治理理论为指导的社会组织和公众共同参与政府监管的程序路径；三是形塑政府监管多元监督体系中社会组织和公众的监督合作模式；四是构建社会组织与公众参与并监督企业主体治理的有效机制。

1.3.2 研究方法

整个研究中对研究方法的运用上是综合了法学、政治学、社会学和经济学等多学科的研究视角，特别关注现有中国环境治理主导模式形成的根本原因，试图认识和理解在实际治理过程中的政府组织内部现象与社会主体互动现象为何，进而解释这种现象形成的原因。在研究问题产生原因的基础上，从应然的规范性角度来讨论环境治理政府主导问题应当如何调整和适配，以及问题应当如何纠正。

1.3.3 创新与不足

1.3.3.1 创新之处

1）实证研究的创新

为了深度剖析现状与发现问题，研究中采取实证研究方法，集成学界研究的现有成果，从以《宪法》为核心的法律法规政策体系等制度文本与中国环境治理中采取政府主导法治化的实践运行样貌两大维度展开，力争最大限度采用实证研究方法分析研判现有制度文本及当前政府主导下的相关运作机制与央地分工的数据资料，从而能够对当前中国环境治理政府主导法治化的运行现状、存在的突出问题及其完善进路进行较为精确而清晰的阐述与证成。

2）理论运用的创新

元治理理论与中国环境治理政府主导法治化在逻辑起点和实现方式维度具有高度的同质特征，即在工具价值层面具有高度契合性，能够为中国环境治理政府主导的法治化提供有效的理论支撑和行为指南，能够有力回应政府单中心治理中层级治理理论和政府参与而不是主导下的多元治理中公共治理理论无法有效解决中国当前环境治理问题这一理论争论。因此，在中国环境治理模式研究领域引入元治理论作为中国环境治理政府主导法治化证成及分析的主要工具,有效克服了其他理论不能科学有效证成中国环境治理中采取政府主导及其实施法治化的缺陷。

3) 制度机制构建路径的创新

本书针对中国环境治理政府主导法治化的完善路径,基于目前存在的核心问题,按照元治理论与中国环境治理政府主导法治化的价值耦合这一突出特征,在立足党的十九大报告提出的"构建政府为主导、企业为主体、社会组织和公众共同参与的环境治理体系"[54]范围与路径基础上,从元治理论涵盖的元组织治理职责、元交换制度体系、元约束机制的制度体系及其理论构造等方面对"政府为主导、企业为主体、社会组织和公众共同参与"的制度机制体系进行优化和构建。

1.3.3.2 不足之处

1) 文献综述中对相关问题的分析衔接逻辑不够周密

由于中国环境治理政府主导法治化所涉及的领域与概念较多,对其文献尤其外文文献的收集、整理与其之间的逻辑关系论证仍旧需要进一步全面深化与精细化。

2) 实证研究的实践案例选取上缺乏全面性

由于环境治理中政府主导法治化的全国与地方实践案例收集难度较大,实证研究中实践案例的选取上不够全面,客观上会影响或导致发现的问题或得出的结论可能存在不够全面或准确的可能性。

3) 微观制度的构建有待进一步体系化

由于选题的方向性以及研究者自身知识的局限性,整个研究主要从元治理论的角度对如何实现政府主导下环境治理法治化的有效运行进行了论述,而尚未对更为微观层面问题即政府主导法治化的具体行为方式与运行机制等进行深度论证。

2 中国环境治理政府主导法治化的现状观察

党的十九大报告指出,构建政府为主导、企业为主体、社会组织和公众共同参与的现代环境治理体系。十九大报告的这一指导思想,正式确立了政府主导法治化的环境治理策略。2020年3月,中央办公厅与国务院办公厅联合印发《关于构建现代环境治理体系的指导意见》,其进一步明晰实施党委领导、政府主导、企业主体、社会组织和公众共同参与的现代环境治理制度体系。在党和国家相关政策性文件的指导下,中国环境治理政府主导法治化的进程逐渐加速,相关法律文件陆续出台,初步建立了以党委领导作为基础和前提,由政府主导,企业作为直接的治理责任主体,社会组织和公众参与的公共协同治理体系。为此,需要从相关法律文本梳理和具体实践两方面对中国环境治理政府主导法治化的现状进行详细描述。在此需要明确的是，中国环境治理之所以需要采取政府主导的法治化方式，其不仅是历史发展的必然选择，也具有其存在的内在逻辑。因此，对于中国环境治理政府主导法治化的内在机理或者说必要性逻辑，可以从历史选择的必然性即中国环境治理政府主导法治化的形成经历了从环境保护的传统层级管理制度[1]到强调社会协同的环境治理法治化模式[2]再到政府主导的环境治理

---

[1] 与中国工业化最初三十年的计划经济模式相适应，这一时期的环境保护同样采取计划经济模式下的传统层级管理制度，即由国家以及作为国家权力行使具体执行者的政府作为环境治理的单一主体，完全行使对环境保护进行管理的职责，政府主要根据不同级别治理权限的分配，通过单向度的层级管理的方式，在中央层级的环保部门的统一领导下，由不同层级的相应环境行政部门负责相应的环境治理事务。然而，传统层级管理制度下国家和社会对环境治理的关注度不高而且缺乏独立的目标和规划，整体治理效能较低，而且从属于工业发展的治理理念只能为工业发展提供最低程度的局部性保障，从而导致环境污染整体情况逐渐加剧，倒逼环保制度开始向独立的环境治理模式转型，法治建设层面体现为：1973年8月5日至20日，中国召开的第一次全国环境保护会议通过了《关于保护和改善环境的若干规定（试行草案）》。之后，国务院在1974年正式成立了环境保护领导小组，该小组曾先后于1974年、1975年、1976年下发了《环境保护规划要点和主要措施》《关于环境保护的十年规划意见和"五五"（1976—1980年）计划》《关于编制环境保护长远规划的通知》等。

[2] 强调社会协同的环境治理法治化模式能够最大限度发动与环境治理相关的社会力量，通过互相协同的方式整合与环境治理相关的社会资源，但这一模式在强调社会力量参与环境治理的同时，过度强调企业自律管理以及社会组织和公众自主治理的能力，从而导致不同治理主体环境治理目标不一致而产生各种问题，不利于环境治理效能最大程度的实现。因此，在环境治理逐渐深入发展的情况下，要保持环境持续改善的势头，必须对当前社会协同的环境治理法治化模式进行必要的完善，通过强调政府主导的方式解决其中可能出现的因为利益冲突导致的功能失范现象，将多元治理主体的治理资源整合到环境整体改善的大目标之中。改革开放初期到21世纪初期，中国环境治理法治建设在社会协同治理理论的指导下受到高度重视：1978年《宪法》总纲第十一条明确规定："国家保护环境和自然资源，防治污染和其他公害"；1979年9月，第五届全国人大常委会第十一次会议通过了《环境保护法（试行）》；1983年召开的全国第二次环境保护会议将环境保护确定为中国的基本国策；1989年召开的全国第三次环境保护会议制定了城市环境综合整治定量考核制度、环境

法治化①这一管理到治理的历史演变过程（下页图2.1），以及逻辑基础的必然性即中国作为社会主义国家的国家性质始终坚持以人民利益至上的利益导向②两大维度进行证成。

2.1 中国环境治理政府主导法治化的制度文本

中国环境治理政府主导法治化的相关法律文本主要包括以《宪法》为基础，以《环境保护法》为主体的环境法律体系。从法律的

（接上注）

保护目标责任制、排污许可证制度等关于环境管理的"八项制度"；1989年12月26日第七届全国人大常委会第十一次会议通过了《环境保护法》，取代了之前的《环境保护法（试行）》。

① 政府主导的环境治理的法治化，仍然强调充分发挥不同社会主体的环境治理功能，但其功能的发挥必须符合相关法律的规定，并通过相关政府部门对多元化主体的监管和激励，即以元治理的方式实现环境治理资源效能的最大化。与协同治理下重点强调多元化主体彼此的协调和配合进而实现协同治理效能不同，政府主导的环境治理法治化更加强调政府在多元化治理主体中的主导功能，从而有效克服多元化主体由于利益差异而可能出现的协调和配合的共识难以达成。事实上，中国环境治理政府主导法治化实际上是社会协同治理模式的最新发展，这一全新的环境治理模式并没有否定社会协同治理模式的必要性和科学性，而是对于社会协同模式存在的因为政府介入不足产生的片面强调经济的短期增长，而忽略经济可持续发展必需的保护环境整体利益的缺陷而采取的必要的完善和调整措施。在政府主导下，通过法治化的途径可以有效遏制其他社会主体可能出现的为了自身短期利益而损害环保整体利益的行为。

② 中国的国家性质是社会主义国家，中国政府对环境治理进行主导性治理是其法定职责，也是唯一具有此能力的治理主体。由于社会环境权、所有权与财产权的实现，均有赖于国有资源的充分利用和整合，而政府作为国有资源的实际控制者和管理者，由代表国家和人民利益的政府主导环境治理，并通过法治化进行规范是应然之义，其他任何环境治理主体，如企业和社会组织，其不具备对多数环境治理资源的控制能力，由其主导环境治理不仅在资源调控上不具备可行性，而且由于其自身利益优先的原因导致难以实现整体环境治理目标。

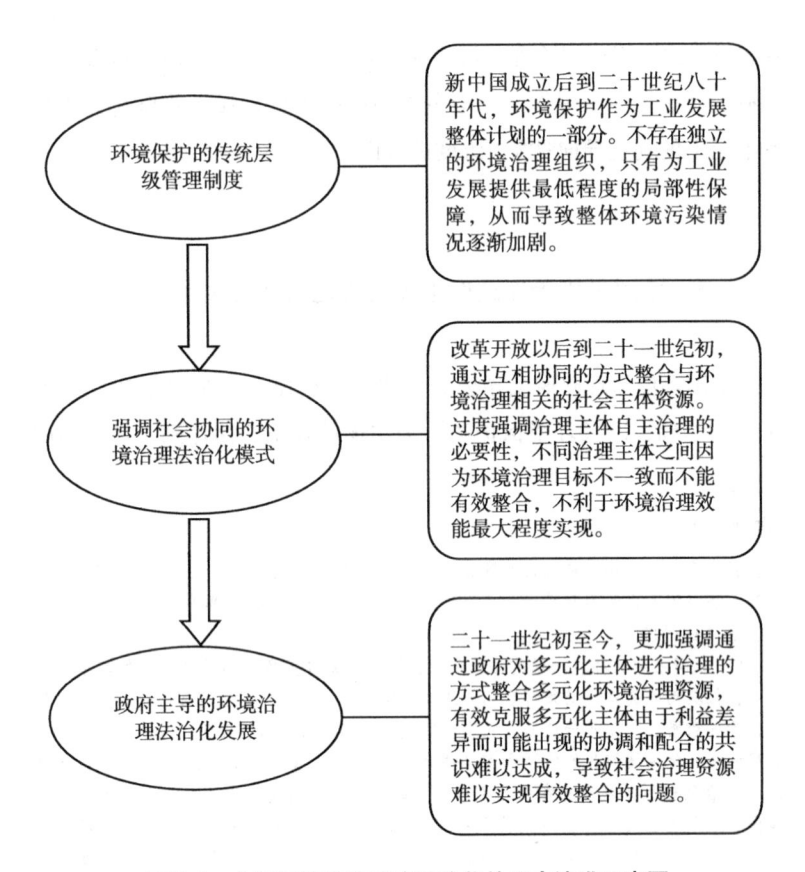

```
┌─────────────────┐      ┌──────────────────────────┐
│ 环境保护的传统层 │─────▶│ 新中国成立后到二十世纪八十 │
│ 级管理制度      │      │ 年代,环境保护作为工业发展 │
└─────────────────┘      │ 整体计划的一部分。不存在独立│
         │               │ 的环境治理组织,只有为工业 │
         │               │ 发展提供最低程度的局部性保 │
         ▼               │ 障,从而导致整体环境污染情 │
                         │ 况逐渐加剧。              │
                         └──────────────────────────┘

┌─────────────────┐      ┌──────────────────────────┐
│ 强调社会协同的环│─────▶│ 改革开放以后到二十一世纪初,│
│ 境治理法治化模式│      │ 通过互相协同的方式整合与环 │
└─────────────────┘      │ 境治理相关的社会主体资源。 │
         │               │ 过度强调治理主体自主治理的 │
         │               │ 必要性,不同治理主体之间因 │
         ▼               │ 为环境治理目标不一致而不能 │
                         │ 有效整合,不利于环境治理效 │
                         │ 能最大程度实现。          │
                         └──────────────────────────┘

┌─────────────────┐      ┌──────────────────────────┐
│ 政府主导的环境治│─────▶│ 二十一世纪初至今,更加强调通│
│ 理法治化发展    │      │ 过政府对多元化主体进行治理的│
└─────────────────┘      │ 方式整合多元化环境治理资源,│
                         │ 有效克服多元化主体由于利益差│
                         │ 异而可能出现的协调和配合的共│
                         │ 识难以达成,导致社会治理资源│
                         │ 难以实现有效整合的问题。    │
                         └──────────────────────────┘
```

图 2.1　中国环境治理政府法治化的历史演进示意图

效力层级来看,包括宪法、环境保护基本法、环境资源单行法、其他部门法中环境保护条款。当然,中国缔结或参加的国际条约、国际公约也是有机组成部分。另外,在行政立法领域,以环境治理权责清单和环境标准为主的相关行政法规和部门规章,地方政府规章以及其他行政规范性文件等也是中国环境治理政府主导法治化相关文本的重要组成部分。中国环境治理政府主导法治化的制度文本体系如图2.2所示。

2 中国环境治理政府主导法治化的现状观察

```
                    《宪法》
          ┌───────────┼───────────┐
环境资源单行法,如《中   《环境保护法》   其他部门法中关于保护环境资
华人民共和国城乡规划法》              源的法律规范;有关保护环境
《中华人民共和国大气污                资源的国际条约、国际公约
染防治法》《中华人民共
和国海洋环境保护法》
          └───────────┼───────────┘
                环境保护相关的
                行政法规等
      ┌─────────────┼─────────────┐
环境保护相关的地方    环境保护相关的部门规章    环境保护相关的其他
政府规章                                    行政规范性文件
```

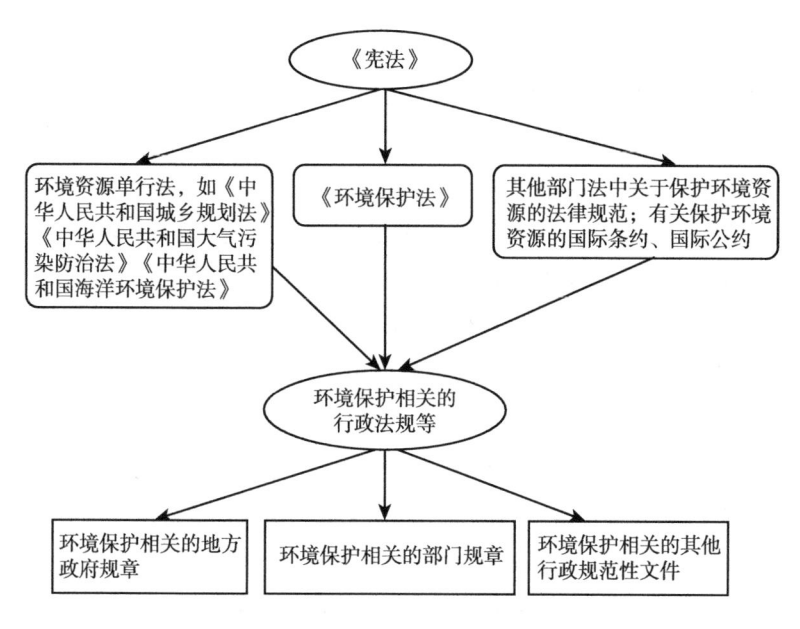

图 2.2　中国环境治理政府主导法治化的制度文本体系示意图

2.1.1　中国现行环境法律的体系构成

2.1.1.1　《宪法》关于保护环境资源的规定

《宪法》是其他相关法律法规的最终来源和基础,其第二十六条和第九条对环境保护进行了明确规定,肯定了国家对于环境资源保护的权力和责任,是国家机关的政府部门在环境治理中承担主导责任的宪法依据。

2.1.1.2　环境保护基本法

目前,环境保护的基本法是《环境保护法》,现行有效是 2014 年的修订版,共分为总则、监督管理、保护和改善环境、防治污染和其他公害、信息公开和公众参与、法律责任、附则七部分。在《环境保护法》这一基本法中,不仅规定了一切单位、个人保护环境的义务,而且规定了中央和地方环境管理机关等政府部门对环境治

理行使监管的权力，在《宪法》相关规定的基础上进一步确立了政府在环境治理法治化中的主导地位。

2.1.1.3 环境资源单行法

一是土地利用规划法①。二是环境污染和其他公害防治法，涵盖大气污染防治法等。② 三是自然资源保护法，如土地资源保护法。③ 四是自然保护法，如野生动植物保护法④。

2.1.1.4 其他部门法关于环境资源的规定

在行政法、民法、刑法等部门法中也规定应保护环境资源，如《治安管理处罚法》第六十三条关于故意污损国家保护的文物等规定；《中华人民共和国刑法》（以下简称《刑法》）分则第六章第六节关于"破坏环境资源保护罪"的规定等，均是环境法制度体系的重要组成部分。另外，环境行政处罚、环境行政诉讼等也必须适用《中华人民共和国行政处罚法》、《中华人民共和国行政诉讼法》（以下简称《行政诉讼法》）、《中华人民共和国民事诉讼法》（以下简称《民事诉讼法》）等。

---

① 涵盖国土整治、城市规划、村镇规划等法律法规。目前，中国已颁布的法律法规主要有《中华人民共和国城乡规划法》《村庄和集镇规划建设管理条例》等。

② 当前已颁布的有《中华人民共和国大气污染防治法》《中华人民共和国水污染防治法》《中华人民共和国海洋环境保护法》《中华人民共和国环境噪声污染防治法》《中华人民共和国固体废弃物污染环境防治法》《淮河流域水污染防治暂行条例》《放射性同位素与射线装置安全和防护条例》等。

③ 当前已颁布有《中华人民共和国土地管理法》、《中华人民共和国矿产资源法》、《中华人民共和国水法》、《中华人民共和国森林法》、《中华人民共和国草原法》、《中华人民共和国渔业法》及其实施细则、《水产资源繁殖保护条例》、《基本农田保护条例》、《土地复垦条例》、《森林防火条例》、《草原防火条例》等。

④ 当前已颁布的有《中华人民共和国野生动物保护法》《中华人民共和国水土保持法》《中华人民共和国自然保护区条例》《风景名胜区条例》《中华人民共和国野生植物保护条例》《城市绿化条例》等。

2.1.1.5 中国缔结或参加的保护环境资源的国际条约、国际公约

目前，中国所缔结或参加的保护环境资源的国际条约和国际公约合计20余个，其也在推动我国在国际环境治理中多边合作的发展与成熟起到重要作用。

2.1.2 中国环境治理中的行政立法及政府责任清单

2.1.2.1 环境标准

环境标准是所有排污主体都必须遵守的法定标准，由相关政府部门组织制定。因为企业是排污的绝对主体，环境标准主要的规制对象为排污企业，并且是当前环境法律体系中政府对企业进行监管的主要工具，也是体现环境治理政府主导法治化的主要方面。相关环境标准主要包括以下方面：一是环境的质量标准；二是污染物排放标准；三是环境保护的基础标准；四是环境保护方法标准。

2.1.2.2 环境治理行政立法

为了保证《环境保护法》和其他相关法律的顺利实施，国务院还颁布了相关法律配套的实施条例如《中华人民共和国环境保护税法实施条例》（以下简称《环境保护税法实施条例》）。《环境保护税法实施条例》对《环境保护税税目税额表》中其他固体废物具体范围的确定机制、城乡污水集中处理场所的范围、固体废物排放量的计算、减征环境保护税的条件和标准以及税务机关和环境保护主管部门的协作机制等做了明确规定。该条例明确，2003年1月2日国务院公布的《排污费征收使用管理条例》同时废止。其他相关法律配套的实施条例，也对需要在行政执法过程中明确的相关法律规定进行了可操作性的详细阐述，对于保证环境法律体系在执法过程中的真正贯彻，起到了非常重要的制度性保障作用。

2.1.2.3 环境治理政府责任清单

为了进一步落实相关法律以及国家环境治理政策文件中对环境治理政府主导法治化的要求，地方政府还制定了相应的环境治理政府责任清单。如浙江省委办公厅、省政府办公厅印发的《浙江省省直有关单位生态环境保护责任清单》即对省自然资源厅、省林业局、省发展改革委、省生态环境厅、省水利厅、省农业农村厅、省市场监管局、杭州海关、宁波海关、省法院、省检察院在生态环境保护中应当承担的环境治理职责进行了明确的列示。通过政府责任清单的公示，有效解决了承担环境治理责任的不同部门在具体环境治理过程中职责不清，难以有效整合相关治理资源等问题，引导形成良好的治理合力机制。

2.2 中国环境治理政府主导法治化的运行实践

2.2.1 中国环境治理政府主导法治化中政府主导的法治化实践

2.2.1.1 制度建设："五位一体"的推进与保障

1）有法可依：立法上以环境法律法规体系文本为中心的环境法律体系对政府主导的确认

主要体现在当前中国宪法和法律对于环境治理的相关规定中。这些规定充分体现了环境治理中政府主导法治化。从《宪法》规定来看，在第二十六条和第九条中明确规定了国家对于环境保护的权力和职责，而行使相关国家权力的机关即为相应的政府部门，因此事实上肯定了环境治理中政府主导的宪法地位。在作为环境保护基本法的《环境保护法》相关规定中，专门规定了中央和地方环境管理机关的环境监督管理权限及任务，为环境治理政府主导法治化提供了基本的法律授权。而对不同专门领域环境治理制定的环境保护单行法则从不同方面全面规定了相应政府部门对相关环境领域的监管和治理职责,与《环境保护法》共同构成了授权政府主导环境治理法治化的法律制度体系。而在上述法律的基础上,相关环境标准与相关政府部门的环保法规与规章的出台,通过对宪法和法律规定的进一步细化,强化了环境治理的政府主导职责。最后,中国缔结或参加的有关保护环境资源的国际条约、国际公约,更是充分体现了在国家环境治理法治化进程中政府部门所起的主导作用。因此,现有的宪法和相关法律构成的环境保护制度体系,从法律上确立了中国环境治理法治化进程中政府的主导地位,为中国环境治理政府主导法治化提供了充分的法律依据和支持。

2)依法治理:执法上构建以政府对企业进行监管为核心的环境监管制度体系

根据宪法和法律的相关规定,环境治理中政府主导实现的主要方式是对相关排污主体进行有效监管。虽然法律对排污主体的规定是一般主体,即所有具有排污行为和排污可能的单位均为相关政府部门的监管对象,但由于现代工业社会的排污主体中企业无论在绝对数量还是相对比例上均占有绝对优势地位,因此,政府主导在执法上是以政府对企业进行监管为核心的环境监管制度体系。同时,在目前中国环境法治的命题中,环境行政执法作为环境治理体系的核心环节,其是推进生态文明高质量发展的重要手段,而针对作为中国当前环境执法核心组成部分的政府监管体系,其主要分为环境行政部门和相关专业性环境管理部门两大体系,环境行政部门是以国家和地方环境保护部门组成的综合性环境行政执法体系,其中生态环境部属于国务院直属机构,下设环境规划、科研、教育宣传等部门。[55]

从理论上来讲，为了治理企业为了自身利益最大化而实行的损害社会整体利益的过度排污行为，必须对企业实行有效的外部监管。然而，对于企业进行有效的外部监管，并不是社会组织和公众能够胜任的职责。一方面，社会组织和公众并不具备对企业进行环境治理监管的法定职权，从而难以直接对企业排污行为进行相应干预；另一方面，由于企业环境治理监管涉及较高的专业技术知识，社会组织和公众同样并不具备企业环境治理监管的相应能力和资源。因此，无论从法律上还是事实上，社会组织和公众虽然能够对企业排污进行一定程度的监督，但是这种监督属于偶然的且效果不确定的辅助性监督，对企业进行外部环境监管的重任，必须由宪法和法律赋予相应职权的环境行政部门承担主要责任。

在具体执法过程中，环境治理政府主导法治化主要通过政府对企业进行监管为核心的环境监管制度体系表现出来。虽然从理论上讲，根据宪法和法律的规定，无论是企业、社会组织，还是公众等，均具有一定的参与环境治理的权利。然而，这种参与环境治理的权利必须通过政府创造相应的参与执法的制度性渠道才能得以顺利实现，而且这种参与和政府的全面监管权力相比，处于明显的次要和辅助地位。另外，由于环境污染产生的主要原因在于工业化过程中相关企业的排污行为，因此无论在环境保护法这一基本法律还是相关的环境标准中，环境治理执法的主要治理对象均为相关企业。因此，在依法治理的过程中，政府部门通过宪法和法律规定的执法权力，构建了以自身为主导的以对企业进行环境监管为主的环境治理法治化模式。

中国当前环境执法核心组成部分的政府监管体系主要分为环境行政部门和相关专业性环境管理部门两大体系。环境行政部门是由国家和地方环境保护部门组成的综合性环境行政执法体系。

3）责任追究：环境司法对政府主导的完善与补充

为了尽可能弥补环境治理过程中政府部门可能出现的不当治理行为，进一步为公众受到侵害的环境权益提供必要的救济，中国环境治理政府主导的法治化途径中还提供了相应的司法审查和救济模式。展开来讲，环境司法对政府主导的完善与补充主要体现在2017年《行政诉讼法》对环境公益行政诉讼的具体规定上。自2015年7月全国人大常委会通过《全国人民代表大会常务委员会关于授权最高人民检察院在部分地区开展公益诉讼试点工作的决定》，开始公益诉讼试点工作，到2017年7月《行政诉讼法》修改，将行政公益诉讼纳入法律规定，由检察机关作为行政公益诉讼原告的制度设计最终实现了法定化。2018年3月开始施行的《最高人民法院、最高人民检察院关于检察公益诉讼案件适用法律若干问题的解释》对行政公益诉讼管辖、审理程序、裁判等问题进行了一定细化。

根据现行《行政诉讼法》第二十五条第四款和《民事诉讼法》第五十五条的相关规定，对于损害公众利益的环境侵权行为，可以由相应的国家机关和社会组织提起环境民事公益诉讼，或者由检察机关提起环境行政公益诉讼。也就是说，在发生违反法律法规的环境污染事件导致公共利益受损的情况下，不仅可以由环境行政部门通过政府监管对排污主体进行相应的行政处罚，而且其能够以提起环境公益诉讼的形式，要求排污主体因为环境侵权造成的损失进行赔偿，或者要求相应的政府部门矫正其不利于环境保护的不当治理行为。

因此，司法上对环境公益诉讼的规定在很大程度上弥补了以环境行政部门监管为核心的政府主导模式可能出现的因为监管行为不力或者监管行为不当而造成的环境治理功能失范的情况，在对环境侵权行为受害的公众提供必要的救济手段的同时,为环境治理维持良好生态环境功能的实现提供了良好的司法保障功能。

4)监督机制:国家机关和社会力量相结合的治理监督体系

在环境治理政府主导法治化的过程中,虽然政府在相关治理资源和治理能力上均能够胜任应有的主导职责,但由于相关法律赋予了相关政府部门较大的环境治理权力,包括自身对环境的直接治理以及通过对企业进行监管的间接环境治理权力等,在缺乏必要监督的情况下,极有可能出现相关权力被不正当行使的滥用情况。正是为了保证环境治理政府主导下由政府行使相关主导型治理权力的正确性,从而为环境治理的质效提供可靠的保障,宪法和相关法律还建立一整套较为完善的监督机制,其主要表现为国家机关和社会力量相结合的监督体系。

进一步来说,从权力具有的最大化自我扩张的属性看,在缺乏有效监督的情况下,包括环境治理权力在内的诸项权力必然会出现不正当行使而导致的滥用问题。一般来说,对行政权力行使进行的监督,主要包括行政机关内部的监督、专门国家机关的制度性监督以及社会力量的外部监督等,即涵盖政府部门、排污企业、第三方治理企业以及社会组织和公众的系统化监督体系。因此,根据中国宪法和相关法律的规定,为了保证包括环境治理在内的国家权力的正确行使,相应的监督体系主要由以下几部分组成:一是政府部门内部的监督,主要包括政府部门内部的纪律监督和管理监督等;二是国家机关的制度化监督,主要包括人大及其常委会等权力机关的监督、监察委和检察机关的监督、法院的司法审查监督等;三是排污企业与治污企业之间的相互监督;四是社会力量的外部监督,主要包括媒体监督和公众监督两种形式。以上四种监督形式虽然能够同时发挥合力作用,但在具体监督过程中所起的作用各不相同,其中，环境行政部门自身的内部监督属于自律性监督，是保证相关政府部门环境治理行为正当性的最关键的组成部分。

环境行政部门自身的自律性监督在相关行为标准方面是所有监督形式中的最高形式，其保证了环境行政部门在日常执法过程中能够忠实地依照法律法规的规定，以实现人民的环境利益为目的，进行正确且适当的环境执法行为。国家机关的制度化监督是根据法律法规的规定对环境行政部门执法进行的外部制度性监督，其事实上也是一种单向度的监督。一般来说，国家机关的制度性监督，除了一般的执法行为审查程序外，只有在行政执法部门内部的监督机关不能发挥正常监督功能，或者能力和权限不足的情况下才依据法律法规介入行政机关的执法过程和后续评价中以对其进行相应的监督。由于国家机关拥有国家强制力作为保障，且在组织和专业能力方面均具有较高水平，因此是外部监督的主要的和决定性的力量。全方位的社会监督主要由媒体监督和公众监督两部分组成，由于普通公众监督能力的有限性和监督行为的偶然性，其监督能力远逊于有组织的媒体监督。因此，充分发挥媒体监督的作用，有助于保证环境行政机关的环境治理行为的正确性。然而，同样应重视公众监督的作用，公众作为个体虽然监督能力非常有限，但由于公众绝对数量的压倒性优势，以及不同个体所具有的资源和能力上较大的差异，充分发挥公众监督的作用，能够对国家机关的制度性监督和媒体监督等主要的外部监督形式起到重要的补充和辅助作用。

5）央地分权：环境治理国家整体性和地方灵活性的结合

在当代中国，环境治理很大程度上是通过正式政府组织机制来运转的。国家一方面对外承担着全国环境治理的任务——国家碳排放减排任务，另一方面对内又承担着保障生态安全、提供良好环境、稳定经济发展、维护社会稳定等一系列责任。环境问题作为国家治理的重要方面，其"牵一发而动全身"之社会效果，使之成为公众认同国家政权合法性的重要依据。为此，中国政府在现有的体制框架之下运用以法制型权威为主，兼有传统型权威与卡里斯玛权威的混合型权威范式的安排来保障环境治理任务的完成。在这一混合型的权威范式之下，政府通过"委托—代理—管制"形式完成自上而下的环境治理任务。

在不同位阶的政府之间配置国家治理权力的纵向分权模式，是历史上及现实之中大多数国家都存在的一种形式。[56]中国的央地关系随着经济体制从计划经济向市场经济转变的风向，经历了中央高度集权向地方适度放权的转变。也正是基于"经济基础决定上层建筑"的理论模式，经济体制的变革加之国家治理规模与负荷化学反应，为了实现国家治理的有效性与高效性，适度的地方分权成为保证公权力弹性和应对纷繁复杂的社会性事务的应然路径。改革开放四十多年来，中央政府与地方政府之间的权力变革不断地调适着"中央政府与地方政府"的关系，并广泛辐射到经济社会发展的各个方面，直接或间接地影响了环境法制和政策的发展及其环境治理的制度逻辑。事实上，中央政府与地方政府分权改革强化且肯定了中央与地方政府之间的差异，减少和弱化中央政府对于地方政权的干预，显著加强了地方政府在公共性事务治理上的灵活性和适应性。[57]此种对于地方政府治理权力的下放变革引发地方政府治理权力的扩张，使其在中央政府宏观治理目标的引导下，具有非常宽泛的自由裁量权空间，并逐渐形成了自身独立的利益空间和利益诉求。由此，中央政府与地方政府之间的"权力与利益"结构随着央地权力结构的变化形成了强力的利益藩篱，从而很大程度上决定了中央政府与地方政府之间的基础性制度安排。那么，中央政府为了能够有效控制国家治理的基本方向，逐渐形成了由上至下的"委托—代理"机制，在很大程度上能够通过目标设定和分配激励的方式调整地方政府权力的面向和强度。然而，此种形式的制度安排已经对中国环境法治的发展造成了不利的影响，已经成为制约中国环境治理法治化路径的障碍。一方面，在地方政府环境治理的层面上，地方政府是生态环境保护职能的实际履行者，中央政府一般不会直接加以干预。[58]加之地方财政与政绩考核的双重面向，环境保护考核指标一直未能构成对地方政府及其官员的核心影响因素，地方政府往往基于利益衡量基础而"相权取轻"。另一方面，地方生态环境主管部门拥有更多信息优势和技术处理能力，在环境目标落实和政策执行方面往往存在着与上级部门的利益分配讨价还价的情况，使得中央的环境保护目标被扭曲或虚置。然而，将这种体制性障碍完全归咎于地方政府的利益取舍是不甚合理的。事实上，中央政府以"专断性权力"而非法治化路径强化中央意志地方化执行的机制是造成环境治权"往返顾盼"的重要因素。

在改革开放初期，中国地方政府所形成的分权体制在考核评价上并不重视对环境保护的考核。中央所制定的环境保护目标和政策无法通过地方政府常规性的监管机制得到有效的执行和落实；环境任务的执行力度在中央政府松散的和开放的权力监管状态下，在基层遭遇了较大的变通和悬置。而产生这一情况的主要原因还是由中央政府对环境保护的基本态度所决定的。在这种环境治权较为"自由"的情况之下，环境法律并不是中立性存在的，它们常常被作为某种象征性的符号被相关利益主体所援引和操作。[59]政府严格执行环境标准必将有损于经济社会的常态化发展。而在政治考核上，经济发展的决定性主导作用使得环境保护政策的施行必然会有所让步。

随着经济社会的发展，大规模的雾霾事件刺痛了国民环境保护的神经，公民环境保护意识的觉醒催生了生态文明建设目标的出台。自中央提出生态文明建设以来，中央政府大大收缩了地方政府环境治理权的内在张力。在大气污染防治领域，重污染天气预警制度迅速发展与成熟起来，并在国家大气污染防治领域成效颇丰。其通过诸如机动车限行、强制限产停产停业、禁止露天烧烤等措施，不断扩张环境治权的权力边界，以至于环境治权在预警状态下出现了能够限制区域经济发展权能的现状，最为明显的便是在2018年《上海市空气重污染专项应急预案》中，上海市在对道路交通工具的管控方面将应当在重污染空气蓝色预警情况才能进行管控的标准，下调至轻中度空气污染即可适用。2017年在启用《河南省重污染天气应急预案》的过程中，河南省对任何级别的重污染天气预警，对1.2万家有关企业均采取污染管控措施，与2016年同期相比增加近4倍。①从新闻媒体的报道来看，当时对环境治理权的扩张成为地方政府贯彻落实中央生态文明建设目标的重要手段。此后，湖北省黄石政府实施最严的停工令，② 山东停限产不打折扣③……从2015年年底开始，中央环保督察组分4批对全国31个省份存在的生态环境问题进行了一次全覆盖式督察，旨在推动地方党委、政府落实保护生态环境的主体责任。这一轮的环保督察带着对生态文明建设目标的强烈需求而来，在环保高压的情况之下，地方环境治权为了应对中央政

---

① 对具体管控情况，参见赵力文：《河南省也建立污染天气信息管理系统，根据不同预警级别对全省1.2万家涉企业进行管控》，载《河南日报》2017年11月20日。

② 参见湖北省生态环境厅：《黄石"最严停工令"应对重污染天气》，载湖北省生态环境厅网，http://report.hbepb.gov.cn/xxsb/hs/201712/t20171218_110435.shtml，2021年10月3日访问。

③ 山东逐家对企业进行督导的措施及情况，具体参见周雁凌等：《山东停限产不打折扣，逐家督导企业》，载《中国环境报》2016年12月19日。

府的这一举措，极大地增大了环境治权的边界和范围，导致出现了诸如"环保一刀切""一道命令，一道封条""一律关停""先停再说"等极端化的环境治理情况。① 中央环保督察组不得不将环保"一刀切"作为生态环保领域形式主义、官僚主义的典型问题纳入督察范畴。② 事实上，无论是大气污染防治领域的企业大规模停产停业现象，还是环保督察领域的"一刀切"现象，其实都是在中央政府环保压力下环境治权扩张的一种异化现象。③

在经历了生态文明建设的第一次环保风暴之后，中央政府对于环境保护的态度开始趋于平缓。2018年11月1日，习近平总书记在民营企业家座谈会上明确指出，任何政策制度的制定均需要尊重实际，绝对不能搞"一刀切"做法。④ 随着中央政府对社会经济发展的重新强调及其对影响经济发展的其他问题的态度缓和，中央政府

---

① 对于纠正环保"一刀切"偏激行为，具体参见谢佳沥：《严禁环保"一刀切" 维护治污攻坚大局》，载《中国环境报》2018年10月29日。

② 对于叫停环保的做法，具体参见曹煦：《叫停环保"一刀切"》，载《中国经济周刊》2018年8月13日。

③ 生态环境部原部长陈吉宁在向全国人大常委会法工委作的报告中，对中国的环保改革和成果沿用数据来说明问题，生态环境部在关键时刻的数据论为全国性环保治理开启了新的标准。各省市争先效仿上级的参考数据，主要以查处案件数、关闭企业数和环保罚款数额作为环保攻坚战的成绩单。如重庆市2018年1月至11月作出行政处罚4906件，罚款3.35亿元，同比分别增加84%和205%，适用《环境保护法》配套办法查处五类重大案件617件。参见《重庆2018年环境执法大练兵纪实》，载《中国环境报》2018年12月21日。又如2018年广东省环保执法"亮剑"，共处罚环境违法案件21696宗，同比去年增加7.2%，罚没金额17.23亿元，全省行政处罚案件数量居全国第一；同时实施配套办法中五类案件数量合计3853宗，位居全国第二。仅佛山市顺德区共检查村级工业园978个次，检查企业4877家，立案查处328起。参见《2018年广东环保亮剑处罚环境违法案件21696宗》，载《南方日报》2019年1月22日。

④ 对于座谈的具体情况，具体参见《习近平：在民营企业座谈会上的讲话》，载新华网，http://www.gov.cn/xinwen/2018-11/01/content_5336616.htm，2021年8月3日访问。

对于环境治理的态度也逐渐趋于缓和,地方政府开始收缩环境治理权的边界,开始综合衡量环境治理对区域经济发展所产生的影响,不再片面寻求环境治理的社会关切性。例如,在重污染天气监测预警制度上,北京市于2018年10月31日对此前《北京市空气重污染应急预案》进行了修订,在预警级别上取消了蓝色预警状态,修改为健康防护提示性信息。因此,北京市在较低空气污染预警状态下不再实行企业停产停业和机动车限行等限制性措施。此前有最为严格制度之称的《河南省重污染天气应急预案》也在预警分级部分取消了蓝色预警级别,相比于之前因蓝色预警近1600家企业停产,应限产企业7100多家而言,明显收缩了环境治权的边界。基于以上种种情况,生态环境部及时开展政策指导,根据行政执法实践中出现的诸如北京市生态环境局对安徽江淮汽车集团开出的1.7亿"天价排放罚单"、秦岭违建别墅拆除、海南恒大海花岛39栋楼"拆除变更为没收"等举措,在后续的环保政策制定、实施及其督察中也开始强调治理环境不能急功近利和不能采取"一刀切"模式。[①] 因此,可以认为,诸多改变均预示着环境治权在政治任务中的变化。

2.2.1.2 制度实践:中国环境治理中政府主导法治化督查案例的实践考察

中国环境治理法治化过程中政府主导实践的主要体现,是2018年新成立的生态环境部统一行使生态和城乡各类污染排放监管与行政执法职责,并以此职责为依据对全国的环境治理进行相应的环保督察。为此,研究选取截至2022年1月中央生态环境保护督察组已

---

① 针对纠偏做法的必要性及其应对举措,具体参见庄玉乙、胡蓉:《"一刀切"抑或"集中整治"?——环保督察下的地方政策执行选择》,载《公共管理评论》2020年第4期。

公布的91个案例为主要对象,对中国环境治理中政府主导法治化的现实案例进行考察和研究。

1)政府主导法治化的广泛性

政府主导法治化的广泛性主要表现在相关督察案例分布地域和涉及行业的广泛性上。从地域分布来看,已经公布的中央生态环境保护督察地域涉及山西、辽宁、安徽、江西、河南、湖南、广西、云南、吉林、山东、湖北、广东、四川、黑龙江、贵州、陕西、宁夏17个省(自治区)和中国有色矿业集团、中国黄金集团两个大型国有企业集团,其中每个被督察的省均分别有5个典型案例,两个央企则分别公布了3个典型案例,而且每个典型案例涉及的具体地域均各不相同,保证了督察案例在地域分布上的典型性,充分反映了通过督察体现的政府主导法治化的地域广泛性特征,相关督察案例的分布如图2.3所示。

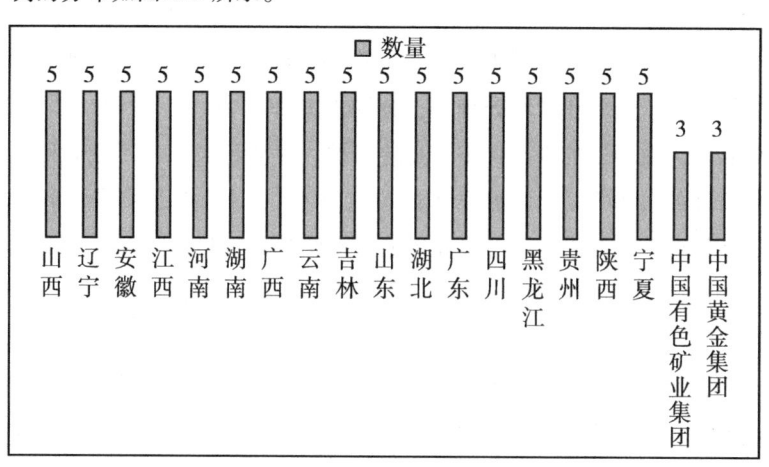

图2.3 中央生态环境保护督察案例的地域分布图

在地域分布广泛的同时,中央生态环境保护督察公布的91个典型案例还涉及生态环境保护的各个行业领域,进一步保证了政府主导在环境治理法治化层面的实现。中央生态环境保护督察案例的行业领域分布如图2.4所示。

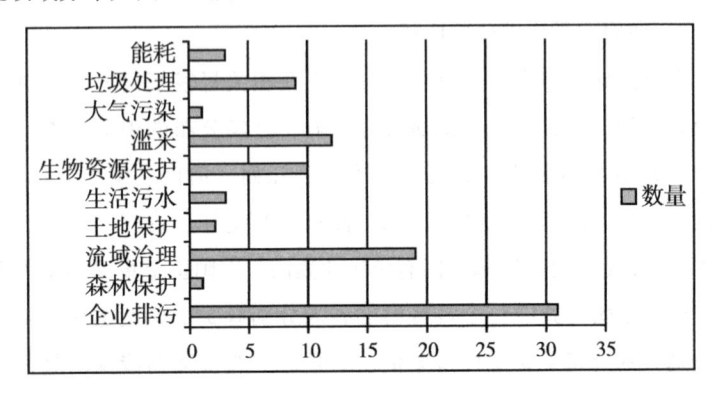

图2.4 中央生态环境保护督察案例的行业领域分布图

在中央环保督察已经公开的91个案例中,企业排污产生的问题最多也最严重,一共31件,占了总数的1/3强,其中流域治理方面共19件,占1/5强,主要是水体污染和流域环境破坏,其次是生物资源保护、滥采和垃圾处理等,分别占12件、10件、9件。另外,还包括为数不多的森林保护、土地保护、生活污水、大气污染和能耗方面的案例等,分别为1件、2件、3件、1件、3件。广泛的行业领域分布,意味着政府主导环境治理法治化过程覆盖领域和地域范围的广泛,体现了政府主导环境治理法治化的广度。

2)政府主导法治中政府作用的关键性

在所有的中央生态环境保护督察公开案例中,都包括相关督察组对出现的环境保护问题的详细调查和分析,具体指出相关部门或者企业环境治理行为的不当之处,并以此作为后续督察要求的依据。如广东省的典型案例"广东省一些出海水道内非法洗砂洗泥活动多发 协同监管打击不力"中,即包括了"基本情况""主要问题""原因分析"三大部分,分别对相关督察案例的基本情况,督察过程中发现的具体问题以及产生这些问题应当承担责任的主体和具体原因进行了详细的阐释。说明中央环境督察部门对相关政府主导环境治理法治化的督察过程具有必要的深度。结合政府主导在地域和行业领域方面的广泛性所体现的广度的分析，说明中央政府主导环境治理法治过程中相关部门无论在广度还是深度方面均具有明显的、关键性的作用。

另外，在公开案例中，除了因为企业自身自律不足而产生的排污、滥采等问题，其他环境治理问题产生的主要原因均与政府的不作为或者乱作为有直接关系，出现责任空转频率高、主体责任弱化、日常监管缺失、落实要求打折扣、整改工作"拉抽屉"等问题。如在"黑龙江绥化市黑土地保护不力　违法占用黑土耕地问题严重"这一案例中，黑土耕地被违法占用，督察组认为关键原因在于绥化市政府的不作为行为。即使因企业自身自律不足而导致的环境问题，也一般与地方政府的纵容和不作为密切相关。因此，地方政府没有发挥对于环境治理法治化的关键性作用，是环境治理出现问题的主要原因。这也显示出地方政府在环境治理法治化中的主导作用，其对于当地环境治理成效具有关键性影响，即无论是中央政府还是地方政府，在中国环境治理政府主导法治化过程中有着毋庸置疑的关键性作用。

3）政府主导法治中中央对地方督察的重要性

从中央生态环境保护督察公开的案例可以看出，虽然中央政府和地方政府均属于中国环境治理中的有机组成部分，但两者在环境保护的具体利益方面存在着一定程度上的差异，通常认为社会治理中地方层面存在着地方保护主义。地方政府在主导环境治理法治化的过程中，往往因为自身利益诉求与中央政府的目标存在差异，而出现环境治理不作为或者乱作为的情况，有21个案例标题中直接表述为当地政府整治或者管理不力而导致相关环境问题的产生,但几乎所有案例均指出了造成问题的主要原因或者主要原因之一是地方政府环境治理不力。如"山东省泰安市宁阳化工产业园违法问题突出 环境污染严重"这一案例,即直接指出是因为宁阳县相关政府部门"绿色发展理念树得不牢",从而出现"生态环境保护主体责任落实不力,园区环境基础设施建设滞后,工作不细不实"的问题,"致使海子河污染问题长期得不到解决"。在标题中直接表述为当地政府整治或者管理不力的案例占总案例比例情况如图 2.5 所示。

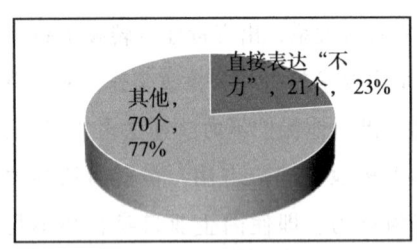

图 2.5 标题中直接表述为当地政府整治或者管理不力的案例占总案例的比例情况

(其他,70个,77%;直接表达"不力",21个,23%)

正是因为中央和地方政府在具体环境治理中存在着利益差异,中央政府相关环境保护部门对地方进行督察具有特别重要的意义。首先,通过中央环境保护部门的督察行为,可以有效贯彻国家的环境治理理念,保证地方政府的环境治理行为符合国家法律制度所体现的整体利益而不仅仅是地方的局部利益;其次,中央环境保护部门的督察行为,可以充分发挥系统内部上一级环境治理部门对于下一级环境治理部门的监督和纠错功能,保证地方环境治理的有效性和合法性,充分发挥中央对于地方在环境治理法治化方面的专业指导作用和保障作用;最后,中央环境保护部门的督察行为,可以通过监督和纠错等行为的实施,促使地方政府采取切实有效的措施提升具体环境治理的效能，从而有利于地方环境治理法治化整体效能的提升。

4）政府主导法治化对企业自律治理的监管功能

企业自律管理是环境治理中非常重要的一环。事实上，从元治理的角度看，在没有政府作为外力介入之前，企业在环境治理中是发挥主要作用的主体。即使在政府介入的元治理框架下，企业也是环境治理中最重要的主体之一。正是因为企业自律管理在环境治理法治化中所具有的重要意义，政府有必要对企业的环境治理行为进行有效监管，进而充分体现自身在环境治理法治化过程中的主导作用。相关案例同样充分体现了政府主导法治化对企业自律治理的监管功能。根据上述91个公开案例，直接表述为企业排污不当而产生环境保护问题的案例占案例总数的比例情况如图2.6所示。

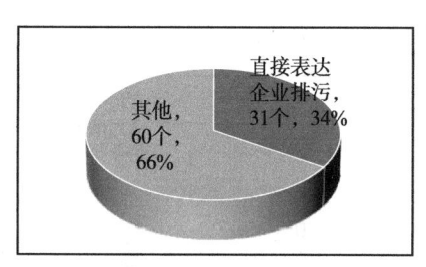

图 2.6 直接表述为企业排污不当而产生环境保护问题的案例占案例总数的比例

上图充分表明了企业在排污的自律管理过程中的不当行为可能对环境治理所产生的重大负面影响。事实上，在所有91个案例中，除了少数如由于地方政府的不作为或乱作为而导致的纯粹的生活污水和生活垃圾环境问题之外，其他相关环境问题的产生均与企业主体在自律管理方面的不当行为密切相关。可以说，绝大多数环境治理问题的产生均与企业主体不当的涉环境行为存在密切联系，这也与现代社会企业主体作为环境治理法治化重要主体的地位完全不符。中央部门对企业主体自律管理的不当行为产生的环境问题进行督察,不仅充分体现了企业主体在政府主导的中国环境治理法治化进程中的重要地位,还表明了政府主导法治化对企业自律治理的监管功能。

5) 政府主导法治中公众参与的补充作用

公民作为政府主导环境治理法治化的重要组成主体,通过对政府和企业的相关环境治理行为发挥相应的监督和参与决策作用,能够在很大程度上促进相关主体环境治理的民主化和科学化。上述公开的案例,正是因为群众的参与,相关地方政府和企业主体在环境治理法治化过程中的不当行为才得以充分暴露,从而通过中央政府部门的督察行为才得到有效矫正。91个案例中,直接因为群众举报而发现问题的为4个,经群众反映问题而发现违法情况并查处的案例在总案例中占比如图2.7显示。

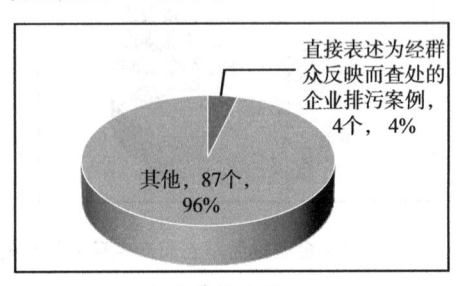

图2.7 直接表述为经群众反映而发现问题并查处的案例在总案例中的占比

需要指出的是,直接表述为经群众反映发现问题并查处的案例在总案例中占比明显偏低。这一情况的产生可能因为群众反映问题的案例在标题中并没有体现。通过分析可以发现,在部分案例表述中存在群众对相关问题意见很大或者经群众举报进而被发现的情况,如在"宁夏石嘴山平罗县用水管控不力　化工园企业违规取水　污染隐患突出"这一典型案例中,案例指明"群众反映强烈";在"广东省一些出海水道内非法洗砂洗泥活动多发 协同监管打击不力"这一案例中,引言部分直接指出督察组是根据"群众信访举报"提供的线索发现相关问题的存在。以上即为在标题中没有直接表述为群众反映但事实上群众反映起到了重要作用的情况。另外,不排除在标题中没有且在相关表述的内容中也没有提到群众反映相关问题,但事实上群众起到了重要作用的情况。因此,群众反映、举报这一群众监督的形式,对于中央生态环境保护督察工作的顺利推进起到了非常有效的促进和补充作用。然而,在公开案例的标题中直接表述为群众反映的案例数量过少,以及在相关案例中对群众反映的事实描述不多,在一定程度上说明在政府主导中国环境治理法治化过程中,存在政府主体对于群众参与作用不够重视,群众参与度严重不足且参与方式单一等问题。

2.2.2 中国环境治理政府主导法治化下企业主体的法治化实践

在政府主导法治化的中国环境治理过程中,企业在其中承担着同时作为环境治理主体和被规制对象的双重角色,在其中有着举足轻重的特殊地位。一方面,企业是政府主导法治化下环境治理的主要主体。按照环境治理中"谁污染谁治理"的基本原则,企业作为现代社会主要的环境污染的源头,是直接承担环境治理责任的关键市场主体,在环境治理中具有非常关键的地位。另一方面,企业是政府主导法治化下环境治理的主要规制对象。企业作为现代社会主要环境污染源头和主要治理主体的身份,同时也使其成为政府主导法治化下环境治理的主要规制对象。对于政府来讲,只有对企业排污和治污行为进行充分监管,才能有效保证环境治理目标的实现,即只有通过对企业的严格监管,才能通过行政检查和法律的双重约束,使企业主体充分履行排污控制的自律管理义务,进而充分利用企业的环境治理资源，顺利实现环境治理的整体目标。因此，在现有中国环境保护法律体系中，企业主体成为除宪法之外其他环保相关法律，如作为基本法的《环境保护法》以及其他单行法律和不同政府部门的环保法规的重要规制对象，具体如下。

2.2.2.1 企业作为市场主体和环境治理主体的双重法律身份

与政府作为单纯的环境治理主体的身份不同，企业首先作为市场经济的基本主体而存在，但由于在市场经济活动中难以避免的环境污染行为，遵照"谁污染谁治理"的基本原则，也成了环境治理的主要主体。正是因为企业同时作为市场主体和环境治理主体的双重法律身份，使企业在环境治理过程中面临着一系列需要平衡的不同的利益，从而导致企业的环境治理行为的复杂性。一方面，企业作为市场主体，相关环境治理行为应当从属于市场盈利目标，即环境治理行为应当与企业的盈利目标相一致。只有能够使企业获利的环境治理行为，企业才会在经济利益驱动下主动进行。另一方面，企业作为环境污染治理主体，按照"谁污染谁治理"的社会公共利益原则，企业的环境治理行为应当与其应当承担的环境治理责任相一致。然而，由于企业承担的环境治理责任往往与其盈利目标并不一致，在经济利益的驱动下，企业极可能做出不承担环境治理责任的行为选择，从而需要政府的外在监管进行严格约束，保证企业对法定环境治理责任的承担。

企业在环境治理主体中具有非常特殊的地位。由于企业本身即为主要的环境污染来源，其本身不仅需要根据法律的规定保证排污达到相应的环保标准，从而采取各种必要的措施对自身的环境污染进行相应的控制性治理，而且也是其他主体环境治理的主要对象。无论是政府，还是社会组织和公众对环境的治理行为，其主要治理对象均为作为主要环境污染源的企业。因此，企业对环境的治理主要依据国家法律法规以及相关排污标准规定，对自身的排污情况进行控制和治理。由于企业自身即为环境污染的主要来源，企业对环境的治理主要属于自律管理的范畴。由于企业对自身排污情况的熟悉，并且拥有控制排污的资源和技术手段，其通过自律管理所进行的环境治理行为对于环境治理有着非常关键的意义。

然而，基于企业作为市场主体以最大化利润作为主要目标，单纯依靠企业自身对环境污染进行自律性的控制和管理，并不能保证企业的排污情况能够保持与环境治理的目标一致。从市场经济的角度看，由于企业存在的主要目的是自身的盈利，环境治理只是其实现自身盈利的一种手段而不是直接目标。在环境治理导致企业成本较大幅度增加，从而在短期内可能对企业盈利产生一定程度负面影响的情况下，企业极有可能为了自身短期盈利而放弃应当履行的自律性环境治理义务，从而使企业自律性环境治理不能实现应有的保证企业环境污染排放符合法律法规确定的最低标准。正是因为企业自身盈利与环境自律治理之间存在的利益冲突，仅仅依靠企业对环境的自律治理并不能真正实现维持良好生态环境的环境治理目的，从而必须通过外在的监管保证企业污染排放符合相应法律规定。

正是因为企业主体的双重身份在环境治理中可能导致其行为与保护环境公共利益的冲突，必须通过相应的法律措施对企业作为市场主体的盈利最大化的选择方式进行限制，使其能够充分履行法定的环境治理义务。对企业主体双重身份可能导致的环境治理行为失范的限制，充分表现在相应的环保法律体系中。一方面，环保领域基本法《环境保护法》，相应的环保单行法，不同政府部门的相关环保法规等，均规定了企业对排污进行控制和治理的相关义务，并由政府通过监管的形式保证企业环境控制和治理环境污染的义务得以实现，从而使企业成为政府主导法治化的环境治理的主要对象。另一方面，相关政府部门又通过一系列的环境指标对企业排污和治理污染的行为进行规范，要求企业施行实际环境治理行为保证相关环境指标的顺利实现，从法律上规定了企业通过自律管理对环境进行治理的法定职责，从而使企业同时成为主要的环境治理行为主体。正是因为企业同时作为环境治理对象和主体的双重身份，为了使企业能够最大限度发挥促进环境治理的功能，必须在中国环境治理政府主导法治化的进程中采取相应的激励措施，保证企业能够通过自律管理，在配合政府监管的基础上，充分实现其作为环境治理主体应有的促进生态环境改善的功能。

2.2.2.2 企业环境治理责任的类型化和标准化

为了使企业环境治理行为更加符合相应的具体现实，从而尽可能提高企业环境治理行为的质量和效率，当前政府主导的环境治理法治化过程中，普遍通过相关法律的规定，实现企业环境治理责任的类型化和标准化。

由于企业所从事的行业以及生产相关产品的方式千差万别，对环境产生的具体污染以及治理污染的形式也呈现各不相同的状态。因此，在中国环境治理政府主导法治化过程中，相关法律必须充分结合相关企业的具体情况，因地制宜、因时制宜、因事制宜，尽可能充分发挥企业相应的环境治理资源禀赋，实现相应的环境治理的最优化。正是因为企业环境治理行为具体表现上必然呈现的差异化形态，在当前中国环境治理政府主导法治化过程中，并没有对所有的企业在环境治理上进行一刀切的刻板规定，而是通过类型化的方式，根据行业和所在区域的不同制定相关企业需要遵守的环境治理标准。所谓的企业环境治理责任的类型化和标准化，即对不同类型的企业规定符合对应标准的各不相同的企业环境治理责任。具体来说，在当前的环境保护法体系中，一般根据企业排污的多少将其分为以下几种类型：第一类是重度污染型，主要包括各种类型的化工企业和煤炭、石油等能源企业，这类企业虽然绝对数量少，但一般规模较大,排污的绝对数量和相对比例均超过其他类型的企业,是现代社会的主要污染来源。然而,此类企业作为现代工业乃至人民日常生活必不可少的基础性产业,其存在有着必不可少的理由,相关法律一般将其作为重点控制对象,不仅对其规定了各种严格的排污标准,而且一般被要求其集中在专门的化工能源产业区,政府相关部门对其进行重点监管。这类企业承担的环境治理责任较重,要求对相应的固液气污染源和污染物进行专门处理,符合相关排放标准后才准予排放。一旦被监测到排污超标的情况,企业即面临着罚款、警告、责令整改等严厉处罚,如果进一步出现限期内整改不合格的情况,即面临着被吊销营业执照关停的局面。第二类是中度污染型,包括多数非化工和能源类的加工型企业,此类企业绝对数量多,虽然单个企业排污数量比不上第一类重度污染型企业,但总体排污量依然非常大,是政府主导法治化下环境治理中重要性仅次于重度污染型企业的另一重要目标。对此类企业一般根据相应的排污类型,由相关政府部门制定相应的行业排污标准,并对此类企业进行严格监管,其承担较重度排污企业次一级的一般环境治理责任,要求具有专门的环境监测和污染物处理设施。一旦被监测到排污超标的情况,企业即面临着罚款、警告、责令整改等严厉处罚,如果出现限期内多次整改不合格的情况,可能面临着被吊销营业执照关停的局面。由于此类企业数量众多,而且相关产品和服务种类庞杂,往往直接关系到国计民生,相关污染也往往与居民的日常生活联系紧密,对于相关污染的处理稍有不当,即可能导致难以预测的社会后果。因此,其不仅是污染治理过程中需要投入法治资源最多的企业群体,而且其相应环境治理目标最为困难和复杂,对于政府主导环境治理法治化有着非常关键的重要意义。第三类是轻度污染和无污染型企业,包括某些非化工能源类的高新技术企业,如航空航天、生物制药、太阳能、地热等新型能源产业等,此类企业数量较少,生产过程中很少产生污染或者完全无污染，总体排污量很小，对环境的影响很小甚至没有，是政府主导法治化下环境治理中关注较少的目标。相关政府部门虽然也会制定此类企业的行业排污标准，但只进行外在环境一般性监测的宽松监管，其承担较轻的环境治理责任，除非由于特殊情况此类企业外在环境指标出现较大异常，政府除了例行检查之外不会对相关企业的环境治理情况进行深度干预。而且由于此类企业自身难以产生较多污染物的性质，正常情况下也不会因为排污超标而需要承担环境行政部门给予的各种类型的行政处罚责任。通过对企业环境治理责任的类型化和标准化，可以有效避免因为对所有企业一刀切式的监管可能导致的对需要重点监管的企业监管资源分配不足，以及对只需要轻度监管的企业过度监管，导致对政府监管资源利用不足的问题。一般来说，为了对政府有限的监管资源进行充分利用，应当对重度污染企业进行集中式全程监控的重点监管，对绝大部分中度污染企业进行一般形式的检查式常规监管，对于轻度污染和无污染企业则进行以投诉举报为主的临时性监管，进而充分实现监管资源的有效配置，在保证环境治理整体目标实现的前提下最大程度提升环境治理法治化的质量和效率。

正是因为政府主导法治化进程中对企业环境治理责任的类型化和标准化措施对于实现环境治理整体目标的重要意义，相关法律不仅根据不同类型企业的具体排污情况和治理污染的能力设置了符合资源有效配置要求的自律管理标准，而且在很大程度上对政府主导下有限的监管资源根据污染情况的不同进行了有效的配置。对于充分促进企业发挥应有的自律管理能力，加强政府监管下企业的环境治理能力，起到了有效的法律保障作用。

2.2.2.3 环境标准和环境评估相结合的企业环境治理监管体系

通过标准化的程序和相应的督促实施程序相结合，能够在保证程序公正的前提下，实现政府监管对于企业的公平化和合理化，这也是保证政府对企业监管质量和效率的必要措施。

因此，为了充分发挥政府主导下企业自律管理的环境治理功能，当前的环境治理法治化体系设计了以环境标准和环境评估相结合的企业环境治理监管体系。一方面，为了保证企业的环境治理行为不会因为降低成本的目的而忽视整体环境保护，进而出现排污超标的情况，相关政府部门根据企业类型和所处地区的不同制定了严格的环境标准。相关环境标准的制定主要考虑的是公民环境权实现的社会整体利益，而不是企业盈利水平的提高。当然，由于企业对于国民经济发展和人民生产生活的关键性意义，相关环境标准的制定必然会考虑企业自身的利益，但这种对于企业利益的考虑必须从属于最广大人民的根本利益或者社会整体利益的目标。通过以人民根本利益为导向的环境标准的制定，即对企业的自律管理提出了强制性的法定要求，企业必须按照相关环境标准体现的社会整体利益的要求进行相应的自律管理，从而避免了企业因为过度追求短期盈利而忽视环境治理，导致环境日益恶化的不利局面的出现。另一方面，对企业制定的强制性的环境标准，还必须通过相应的行政监管手段保证企业对其进行有效遵守。由于企业自身的经济目的，在没有外在约束的情况下，相关环境治理行为会处于能够最大限度保证企业自身盈利的较低治理水平，从而因为环境污染治理的不彻底而产生外溢效应，对整体社会赖以存在的自然环境产生严重的损害。因此，为了保证企业在自律管理过程中对法定环境标准的有效贯彻，相关政府部门还需要对企业进行必要的环境监管，以保证符合整体社会利益目标的环境治理标准能够真正得到贯彻和落实。当前政府对企业环境治理的监管，一般采取定期和不定期检查方式，并要求企业以报表的形式提供各种环境治理的资料和数据，对企业自律管理状态下的治理效能进行相应的环境评估,并根据相关环境评估的结果对企业采取或奖或惩的行政处理措施。环保检查要求提供相应的环境治理符合环境标准的数据资料,并通过实地核对相关数据资料的真实性,有效保证企业在自律管理中贯彻相应的环保标准,对企业自律管理性质的环境治理行为起到有效的监督、督促和激励作用,从而有效实现企业自律管理的环境治理行为符合社会整体利益、实现良好生态环境的目标。

2.2.3 中国环境治理政府主导法治化下社会组织和公众共同参与的法治化实践

社会组织和公众是环境治理的直接利益相关者,也是政府主导下环境治理参与的主体。从宪法和法律的角度来看,社会组织和公众既不属于行使国家权力的政府机关,也不属于环境治理过程中必须重点监管的污染来源。然而,由于环境治理对于社会组织和公众自身利益的极端重要性,作为环境治理主要利益相关者的社会组织和公众在利益驱动下必然对政府和企业的环境治理行为保持着相应的关注。而且,因为社会组织和公众在数量上以及对周边环境熟悉程度上所具有的优势,其参与和监督环境治理能够有效弥补政府监管力量有限的不足,从而大大提高政府主导下环境治理的效能。因此,充分发挥社会组织和公众参与环境治理政府主导法治化进程的作用,对于通过环境治理保证最广大人民环境权的顺利实现具有特殊重要的意义。正是由于上述原因,在当前中国环境治理政府主导法治化进程中,社会组织和公众参与环境治理得到了法律和相关政府部门的高度重视。例如,在2017年"尹宝山召集李至友等人在休渔期间违规出海作业捕捞海产品"一案中,江苏省连云港市人民检察院根据我国《刑法》《民事诉讼法》和《环境保护法》的相关规定对被告尹宝山等人的违法行为提起刑事附带民事的环境诉讼。①

2.2.3.1 社会组织和公众参与的法律规定

现行《宪法》第二条规定："中华人民共和国的一切权力属于人民。""人民依照法律规定，通过各种途径和形式，管理国家事务，管理经济和文化事业，管理社会事务。"因此，政府主导环境治理的权力归根结底属于社会组织和公众代表的人民，是毫无疑问的。环境保护属于国家社会事务的范畴，作为人民主要组成部分的社会组织和公众具有管理包括环境治理在内的国家事务的宪法性权利。对此，《宪法》第九条进一步规定"禁止任何组织或者个人用任何手段侵占或者破坏自然资源"，亦即任何组织和个人均具有不侵占和破坏自然资源的宪法义务。另外，《环境保护法》第六条规定了一切单位和个人均有保护环境的义务，第九条规定了新闻媒体宣传环保法规和知识的义务，第三十八条规定了公民有减少日常生活对环境造成损害的义务，第五十七条规定了公民对污染或破坏环境的单位或个人有监督、检举和控告的权利。在这些关于社会组织和公众参与环境治理的相关宪法和法律规定中，虽然也存在要求保护环境的义务，但这些义务的规定不仅是抽象的，而且也缺乏相应的配套惩罚措施，因此更多的是象征意义的或者道德意义上的义务，而《环境保护法》第五十七条的规定则直接赋予了社会组织与公众通过监督、检举和

---

① 法院查明案件事实并充分听取了各被告对修复方案的意见，将生态修复方案向社会公开，广泛征求公众的意见，在汇总、审查社会公众意见后，确认了相关职能部门提出的根据产出比1∶10增殖放流。由于生态环境损害调查、鉴定评估、修复方案编制等工作会涉及生态环境公共利益，法院在审判和执行过程中对相关重大事项向社会公开并推行公众参与机制，便于公众监督，有利于制定科学、合理的生态环境修复方案。该案中，法院将生态修复方案通过地方新闻媒体、法院官方微博、微信公众号等方式向社会公开，广泛征求公众意见。这种在生态环境损害赔偿司法裁判过程中引导社会公众参与民主科学决策的创新方式，即是新时代社会组织和公众参与环境治理的重要实践途径之一。

控告的方式参与环境治理的权利。结合现行《宪法》第二条第三款的规定，作为社会组织成员和公众的人民拥有依法管理国家事务、经济文化事业和社会事务的权利。毫无疑问，环境保护属于国家社会事务的范畴，而作为人民组成部分的社会组织和公众也拥有依法参与环境治理的相应宪法权利。因此，在《宪法》规定的基础上，以《环境保护法》为主的相关法律同样规定了社会组织和公民通过不同的途径进行环境治理的权利和义务。

综上所述，可以看出在现有宪法和法律框架下，社会组织和公众对于环境治理主要拥有依法参与和监督的权利，但并不需要履行类似政府相关部门和企业的法定环境治理职责。而且社会组织和公众也不同于企业，因为不是主要的环境污染产生者，不属于环境治理的主要对象，从而决定了社会组织和公众在政府主导环境治理法治化过程中既不同于政府部门也不同于企业的相对独立的主体地位。从法理逻辑上来讲，社会组织和公众之所以需要具有参与和监督环境治理行为的权利，是由于各种形式的环境污染严重损害了社会组织和公众自身的环境利益，社会组织和公众为了维护自身的合法权益，有必要通过参与和监督环境治理的方式确保宪法和法律规定的环境权利的顺利实现。除此以外，社会组织和公众在特殊情况下为了促进环境的持续改善，还有可能积极参与政府主导的环境治理行为，从而充分发挥自身对于环境治理的积极作用。因此，社会组织和公众的维权治理在多数情况下属于为了维护自身利益而采取被动式行为，少数情况下属于主动的治理参与和监督行为。由于社会组织和公众相关环境治理行为缺乏法律法规的硬性约束，因此在环境治理执法过程中所起的作用具有典型的不确定性和事后被动性，只能作为环境治理的重要补充和辅助，不能对环境治理执法起到决定性的作用。

2.2.3.2 社会组织和公众的法定监督职能

《宪法》第四十一条第一款关于公民拥有对一切国家机关及其工

作人员进行监督的权利规定和《环境保护法》第九条第三款关于新闻媒体对环境违法行为监督的义务,第五十三条和第五十七条关于公民对污染或破坏环境的单位或个人有监督、检举和控告的权利规定,第五十八条关于符合条件的社会组织可以作为提起公益诉讼主体的规定,从宪法和法律的角度确立了社会组织和公众对环境治理所具有的法定监督职能。宪法和法律对于社会组织和公众的法定监督职能所做的是一般性的规定,也就是说,对于任何组织和个人的与环境保护相关的行为,社会组织和公众均可以依据宪法和法律的规定对其进行监督。监督的具体形式可以是宪法规定的批评、教育、申诉、控告、检举等多种法定形式。正是由于法律对于社会组织和公众在法定监督职能方面的这种宽泛的规定,意味着社会组织和公众在环境治理政府主导法治化的过程中可以通过最为适合自身的方式对几乎所有的环境治理行为进行监督。监督对象既可以是相关政府部门,也可以是企业,甚至是社会组织和公众本身。由于社会组织和公众所具有的绝对数量以及对周边环境熟悉的优势,虽然一般来说其所具有的环境治理资源和能力远远比不上专门设置的环境行政部门以及企业主体,但却能够通过充分发挥宪法和法律规定的监督职能,对可能出现的政府和企业主体在环境治理过程中不符合法治化的不当行为进行有效的监督,对于保证政府主导的环境治理行为的正确性和有效性具有非常特殊的重要意义。

2.2.3.3 政府对社会组织和公众参与和监督环境治理的引导与支持作用

社会组织和公众虽然具有宪法和法律规定的广泛地参与和监督环境治理行为的权利,但这种权利在实践中的实现,依然需要相应的配套资源和制度的支持,否则依然只能是不确定的纸面上的权利。事实上,要使宪法和法律上规定的社会组织和公众参与和监督环境治理的权利在具体实践中真正落实,依然面临着一系列需要予以充分解决的困难。一方面,从客观条件方面来讲,社会组织和公众自身并不具备实现相关权利所需的必要的能力和资源。产生这一困难的根源是社会组织和公众并不属于国家专门设置的环境治理机构,因此在人员素质、专业知识、经费与设施支持等方面,均存在严重的不足。尤其对于应当发挥较大作用的社会组织来说,由于新中国成立以来一直实行的政府管理模式,导致社会组织发育严重不足,从而在参与和监督环境治理方面能起的作用相对有限。另一方面,从主观条件方面来讲,社会组织和公众往往缺乏行使相关权利所需要的主观能动性。在客观条件限制的同时,虽然当前环保意识已经深入人心,但并没有在社会组织和公众中形成普遍的参与和监督环境治理的意识,从而其在主动性和积极性方面存在较大程度的欠缺。以上主客观条件的限制,意味着仅凭社会组织和公众自身的力量,能够起到的参与和监督环境治理的作用可能非常有限。

正是考虑到社会组织和公众参与和监督环境治理能力和意愿的先天不足,现行《环境保护法》及相关法律规定了政府对社会组织和公众参与和监督环境治理的引导与支持的义务。这些义务性规定具体表现在:《环境保护法》第九条第一款和第二款规定了各级人民政府、教育行政部门和学校对于环保法律和知识的教育和宣传的义务,促使公民形成良好的环保风尚和意识;《环境保护法》第十一条关于奖励有突出环保贡献的公民和单位的激励性规定;第三十六条引导和鼓励社会组织与公众使用环保产品的规定;第五十三条到第五十八条关于环境治理相关信息公开和公众参与的相关规定等。正是在以《环境保护法》为主的相关规定的要求下,中国环境治理政府主导法治化下的社会组织和公众参与和监督环境治理得到了政府的有效引导与支持,从而在很大程度上为社会组织和公众的参与和监督环境治理的权利顺利实现提供了必要的法律和行政保障。

3 元治理理论与中国环境治理政府主导法治化的价值耦合

从元治理理论涵盖的元组织、元交换和元约束之内涵及其理论构造来看,其与中国环境治理政府主导法治化逻辑起点和实现方式上具有高度的同质特征即在工具价值层面二者具有高度的契合性,体现在其对中国环境治理政府主导的矫正与指导维度,能够对当前中国环境治理政府主导的法治化提供有效的理论支撑和行为指南。元治理理论认为,政府之所以要对已经存在的自组织治理行为的多元治理主体进行更高层次的元治理,是因为在已有多元治理主体利益诉求不一致的情况下,必然出现具体治理过程中产生的矛盾无法通过协调一致而解决从而导致治理资源无效配置的问题。只有政府部门作为更高层次的元治理主体介入自组织治理过程中,才能使自组织治理的多元治理主体在元组织的意志下实现行动和目标的一致性，从而对相关治理资源进行有效整合。因此，元治理理论的逻辑起点是自组织治理过程中多元治理主体的治理行为冲突难以自行处理，从而必须由更高层次的政府部门作为元组织介入治理，而实现方式则是以政府这一元组织的意志取代多元治理主体各不相同的意志，从而有效实现多元治理主体行为的协调，保证多元治理资源的有效整合。具体来说，中国环境治理政府主导法治化，之所以要强调环境治理法治化需要政府主导，其逻辑起点在于环境治理的非政府多元主体，主要是企业和社会组织与公众等，在环境治理法治化过程中由于彼此之间的利益差异，而必然出现环境治理行为之间的冲突，进而导致环境治理效率不彰的问题，因此有必要通过政府主导的方式介入多元治理主体的治理行为之中以进行更高层次的协调。相应的实现方式则是通过政府主导的法治化，以政府的意志取代多元治理主体存在差异的意志，从而有效实现多元环境治理主体的相应治理资源的有效整合。因此，元治理理论和中国环境治理政府主导的法治化，在逻辑起点上均为非政府多元治理主体利益上的差异导致行为上的冲突，进而导致治理效率不彰，由此必须引入政府作为元组织，或者政府以主导的方式介入多元治理主体的治理行为之中，对这种冲突进行有效协调解决。在实现方式上强调作为元组织的政府，或者作为主导者的政府，应当通过贯彻作为元组织的政府的意志，或者作为主导的政府目标的方式，有效消除多元治理主体由于利益差异而导致的行为冲突，进而实现相应治理资源的有效整合。

3 元治理理论与中国环境治理政府主导法治化的价值耦合

3.1 元治理理论的内涵界定及其配套理论

3.1.1 元治理理论内涵界定：政府主导型环境治理合法性理论基础

整体来看，环境治理领域的历次治理模式转型，均存在相应的理论推动与支撑。20世纪50至70年代，随着世界环境问题的加剧，世界各国对环境治理普遍采取国家干预主义，即运用"命令—控制"方式来加强对环境的有效治理。20世纪70年代和80年代后，由于西方福利国家出现的管理危机，市场与等级制的调节机制发生的危机，以及公民社会的不断发育和众多社会组织集团的迅速成长，各国政府在严重的经济危机和社会管理的双重压力之下，开始反思国家对社会的"治理之道"。从"夜警国家"到"福利国家"的转变，加重了国家管理的负担，从而出现了管理危机，而被视为"超级保姆"的政府机构，也由于职能扩张和效率低下等问题，使得国家各项事务管理陷入了深深的危机当中。随后，在世界范围内掀起了治道变革的浪潮，其主要内容是强调政府职能的市场化、政府行为的法治化、政府决策的民主化、政府权力的多中心化。在这样的历史背景下，一种新型的公共管理理论即公共治理理论应运而生。[60]这一理论认为，现代政府的有限性决定了政府治理能力的有限性，政府作为单一治理主体必然存在治理能力不足的缺陷，因此必须充分借助社会力量，通过治理主体的多元化实行公共治理。在公共治理的可行性上，这一理论认为，由于社会治理涉及利益主体的多元性，利益相关者希望参与治理从而使自身利益最大化，并且由于对涉及自身的相关治理行为的熟悉，具有参与相关治理的必要资源，从而政府之外的主体参与社会治理具有相应的可行性。受此影响，20世纪80年代以来，在环境领域也掀起了一股环境治理的浪潮，主张在环境治理中引入公共治理理论，即借助民主协商、合作治理、社会参与来彻底解决环境风险，其强调的是多元主体间的沟通和互动。该理论认为人们在一定条件下能够采取的集体行动可以源自于对公共利益的维护，因此，对环境治理理论及其实践的展开，无疑离不开公共治理的理论支撑。[61]

"治理"最早出现于1989年世界银行报告中所使用的"治理危机"一词当中，其后世界银行1992年的年度报告中再次提及了"治理与发展"。此后，联合国教科文组织在报告和组织设立中使用"治理"这一概念。[62]然而，在治理理论提出来之后，治理与统治就开始出现分野，正如法国学者戈丹所言："治理从始至终当有别于政府统治之内涵。"首先，治理虽同样需要政府权威的推动与支持，但治理的权威并非完全来源于政府，其合法性来源于社会公众对于各类社会主体治理行为的认可与赞同。治理理论之内涵超出了纯粹的政府权威范畴，强调社会主体的共同行为。其次，治理理论中，公共权力的运行路径不再是自上而下的政府权威，而是上下互动的治理过程，或许治理理论之本身依旧强调政府主导，绝不会是政府"承包"。[63]

为了解决福利国家面临的各种压力和危机，治理理论被赋予全新的内涵，通常是指国家、政府、社会、民众均能保持一种良好的和谐关系，并以此构建出一个共同生长的空间，其主体是政府和社会。概括来论，主要包括以下五个方面：一是治理主体源于政府，但包括且不限于政府的公共机构和行为者；二是政府开始与非政府主体共同承担治理的责任；三是肯定了参与社会治理各个主体之间的权力依赖；四是治理参与主体最后能够形成一个相互合作的网络；

3 元治理理论与中国环境治理政府主导法治化的价值耦合

五是证明了社会治理的良好结果不限于政府的权力运用与政治权威。[64]治理的目的在于在制度关系中通过权力的引导、控制以规范社会行为，最大限度地增进社会公共利益。[65]

公共治理理论出现之后被迅速运用到环境治理之中，相应地形成了多种环境治理理论及其模式。普遍认为，通过建立多中心环境治理的模式，均衡各方主体的力量，可以推动环境治理进程，达到环境善治。也有学者反对社会组织主体在环境治理领域过于广泛和深入的介入，认为环境组织在多主体治理模式中应当主要担任宣传者和支持者的角色，而非监督者和治理者。[66]

在对公共治理的探讨中，形成了多种关于治理的理论类型。有学者基于马克思·韦伯的"正当支配形式"（传统型统治、卡里斯玛型统治、法理型统治）出发，对公共事务治理基本类型进行了分类，将之分为统治型治理模式、管理型治理模式、服务型治理模式与多中心治理模式。[67]这种公共事务治理的分类方式实质上并未超出韦伯的三大类支配形式的"理想类型"。从上述治理理论来看，以韦伯的"理想类型"进行治理类型划分的方式似乎不符合治理理论自身的含义。"统治"和"治理"两者在理论界分过程中都无不以彼此作为参照物，因此"统治型治理模式"的划分偏离了治理理论的现代性旨趣。

3.1.2 元治理理论的配套理论

根据公共事务治理中各类主体之间的相互关系及其社会运行形态，大致可将公共事务的治理理论划分为协同治理理论、多中心治理理论、网络治理理论等。

① 协同治理理论。对于协同治理的概念与内涵具有多种定义，但尤其以联合国相关机构的定义最具有典型性，即指联合私主体、公主体与其他组织对共同体事务进行管理的行为。[68]协同学理论认

· 91 ·

为,"那些与外界有着充分物质与能量交换的开放协同,它们从无序到有序的演化都遵循着共同的规律,即在一定条件下,由于构成系统的大量子系统之间相互协同的作用,在临界点上质变,使系统从无规则混乱状态形成一个新的宏观有序的状态"。[69]不同层面的协同有着不同层面的概念与内涵:其一,协同所要求的是各部门联系反应所产生的总体性效应,也就是说部门之间配合的结果将大于各部分简单相加之和。其二,协同的目的是基于一种公共性的目的,以社会共同体之目标为导向,所形成的一种互动的状态。这种状态所要求的是综合体各部门之间的同频共振、相互嵌套以及行为相长,并从整体上形成一种有序的状态。协同治理理论的实践应用与理论扩张回应了时代发展和问题的需求,成为了社会治理和国家治理领域的重要理论基础。

当然,联合国对协同治理的定义致力将其运用于特定的国际事务治理环境之中,强调的是国家间的相互配合与协作。但对于将协同治理的定义应用于特定事务或社会治理的场域之中,联合国可能并不能对协同治理的行为进行有效解释或包容。因此,也有学者将协同治理放置于系统论的视角,以政府主体、市场主体与社会主体所构成的子系统为要素,强调政府系统、市场系统与社会系统之间的协调并进行有序运转,从而使得子系统之间的相互协同达成单项系统简单叠加所不能达到之增益效果。[70]

②网络型治理理论。网络型治理理论是为了解决科层制缺陷在社会领域所暴露的问题而产生的,是基于现代风险社会而探索出来的一种新型的社会治理路径,是基于多元主体协同的社会治理。对于网络型治理的内涵,不同的学者从不同的角度进行了解释。有的学者认为,网络型治理必须联合中央政府、地方政府、企业和个人等各方面的行动才能顺利实现,在彼此所形成的网络关系中,各主

体拥有不同的资源和权力,彼此将互惠及依赖。[71]还有学者认为,网络型治理意味着治理结构从仰赖于外部权力控制,转化为依靠彼此合作关系,强调治理的总体弹性及多元主体合作,破除以政府为中心的传统思维,基于互利原则,对公共事务的治理采取全网包裹的控制模式,实施弹性的网络化运行机制。[72]因此,网络型的治理结构应当满足以下几方面的要求:决策主体的多元化,去中心主义,信息网络畅通,动态地自组织、自适应、自协调,官民平等互信,网络协商民主,信息公开共享。[73]在此基础之上,我国学者提出了网络型治理视角下的社会治理的有效原则:一是开放包容原则,即将社会多元价值纳入公共价值生产的过程当中,保证公共价值生产结果的正义性;二是民主协商原则,网络型治理模式的根本就是建立在平等协商、共同治理的基础之上的;三是复合治理与动态调适原则,即根据治理有效性的需求,不断调适不同的治理手段。[74]

③ 多中心治理理论。多中心治理理论属于主流理论,其在环境治理领域强调各方利益主体的实力均衡,强调各方利益主体通过谈判、协调、协商的方式实现环境治理共赢,强调各方力量的协作。一般而言,多中心是指多个独立要素能够互相调适,在一个一般的规则体系之内归置彼此间相互关系。[75]多中心治理理论的集大成者埃莉诺·奥斯特罗姆诠释了更为完整和权威的版本,其认为,社会事务管理单位的多样化可视为一种"多中心的政治体制",这种政治体制在形式上具有多个决策中心,彼此间具有竞争关系,彼此间也有相互合作,通过利用某种核心机制来解决彼此间的相互冲突。奥斯特罗姆所提出的"多中心治理理论"的核心是揭示了在私有化和国有化两个极端之间,存在着其他多种可能的治理方式,并且能够有效率运行。[76]

在多中心治理的制度框架中,政府主体、市场主体与私人主体在所形成的组织体系中都能够成为决策的中心。它们彼此合作、相互竞争、互相制约,以契约的方式交换信息、互通资源。[77]当然,多中心治理模式并非代表着治理权威的丧失,因为政府一旦在公共事务治理中丧失了治理的权威性,那将导致各方利益代表主体的恶性竞争与资源掠夺,进而使公共事务的治理陷入冲突与混乱。当然,这种权威不是单纯来自国家权力,抑或传统和惯例,而应是基于具有社会共识基础的规则体系。

上述诸多治理理论及其模式,虽名称不同,但是内涵及结构大同小异,即体现为:一是其均强调治理主体的多元性,排斥政府治理的唯一性;二是均要求各治理主体之间的协调、合作关系,排斥各自为政;三是均要求各主体之间的平等关系,排斥某一治理主体作为治理的中心等。当然,这些理论都有局限性,都会产生治理的困境,当这些治理理论运用到环境治理时,带来的环境治理的理论难题和现实困境具体表现在以下三个方面:

第一,公共利益仍然难以保障。贝茨认为:"制度为公众提供的是一个平等的公共服务平台,而个体往往热衷追逐最小负担实现最大利益,搭便车的动机就必然有可能导致制度供给的失败。必须解决的正是这个动机问题。外部力量显示会在未来对不遵守合同的行为进行制裁,则人们会选择作出遵守合同的承诺。"[78]乔恩·埃尔斯特认为,相互监督的困境在很大程度上一贯属于"决定性的"。[79]

环境具有"公共物品"属性,具备非排他性和非竞争性。环境治理的复杂性、高昂的治理费用以及治理结果的不确定性、"理性经济人"的思维逻辑使得大多数公众选择"搭便车"或者沉默,将改善环境的努力寄希望于他人。但这种个人的"理性"带来了集体的"非理性"后果,环境治理陷入"囚徒困境"。而政府天然具备的权威性和强制力以及强大的区际、省际协调能力,使得治理污染的重担自然由政府来承担。政府作为国家权威的载体，同时担负调节经济运行、提供公共服务的责任，自然而然地承担了环境治理的主导角色。

第二，"公地悲剧"仍然难以避免。公共物品的非排他性属性促使了"公地悲剧"的产生，集体行动的逻辑证明了非竞争性事务引发的"搭便车"行为。在不付出成本即可获取利益的领域，人们将无视后果地攫取公共资源。作为公共物品的环境是受此破坏最为严重的领域，如全球气候变暖、生物多样性减少、森林减少等问题都是环境作为公共物品受损的表现。因此，为了克服"公地悲剧"，最早由埃莉诺·奥斯特罗姆提出"多中心治理理论"。她认为，多中心治理以其多样化的制度和公共政策安排，能够最大化地实现对集体行动中机会主义的有效限制以及公共利益的有效保护。[80]多中心治理理论非常强调政府、企业、社会组织、公众等组成的环境治理集体之间的合作与制约，在国际层面则由中间机构去协调各国政府在环境治理领域的各项事务。[81]然而，多中心治理的决策中心是分散的，并且各决策主体在出于自身利益考虑时，随时可以退出中心治理范畴，例如，美国出于"美国优先"的战略考虑，在没有任何阻力的情况下就随意退出《巴黎协定》，终止执行协定的所有条款。可见，这种多中心治理基本上都是有名无实，在关键时刻人人自危，为求自保，于是这样不受这种多中心治理的约束。

第三，协调机制缺乏权威性很难有效运行。在公共治理理论下，由于治理主体的多元性和不同治理主体界限的模糊性，必然导致多元主体间的利益和行为模式的差异而产生具体治理行为的冲突，从而必须通过相应的利益协调机制和冲突解决机制保证其有效运行。但在现实生活中，有很多利益是无法调和的，必须以牺牲某一方的利益为代价。例如，生产水泥的工厂无论如何改进技术，都难以避免对周围环境造成污染，而要关闭污染的工厂必然造成工厂工人失业，以及地方政府税收的减少。在这种情况下，如果没有权威的协调机制，就很难保证协调的有效进行。

基于以上原因，元治理理论应运而生。元治理理论最早由英国学者鲍勃·杰索普（Bob Jessop）提出。杰索普指出元治理的概念是基于政府、企业、公众所处不同治理场域都必然会出现不同程度的治理失灵，要让三者在同一公共事务领域内实现同频共振，便需要一种协调彼此治理的新型治理方式，即元治理。[82]他认为，元治理可以协调政府、市场、社会公众三种不同主体治理模式，以保障它们中彼此最小限度的干预性。[83]可见，元治理理论是源于对传统治理理论的批判与反思，其本身仍然属于治理范畴，但与多中心治理等理论存在很大不同：元治理理论将政府治理置于整体性治理的中心，强调政府在社会事务治理中的协调作用。[84]将政府作为元治理的中心主体，主要是基于以下考虑：其一，政府是普遍性规则的制定主体和实施主体，其能够为社会治理的各参与主体提供共同的行为准则与纠纷解决机制；其二，政府所具有的资源集合与信息整合优势，能够在更高层面上塑造社会主体的认知与希望，能够统筹、分配和平衡社会各方主体的基本利益；其三，政府也是社会治理作用的受体，以保证整体社会制度的完善和社会主体的凝聚力。[85]

因此，政府与市场的结合是有效治理的基础，尽管国家权力与市场配置是治理所无法替代的，但是元治理模式中政府对自身的改进与市场的整合依然是其他主体所不能替代的。[86]从治理目标来看，元治理模式所要达成的目标绝非三种主体治理模式的简单叠加，而是在政府主导之下的治理效果提升。

在中国庞大的国家治理规模和负荷当中，环境治理复杂程度可想而知。多中心治理理论期待在多元平等治理主体中建立沟通协商的互动模式来解决我国的环境问题,在当前社会背景下几乎是不可能的事情。事实上,这些年来我国环境治理所取得的成绩,基本上都是在政府主导下完成的。经济发展的政治主导性在社会演进主干道上已经单独运行多年,而时代发展的布局不断地推动着环境治理问题与经济发展问题的不断演变。

环境治理问题的兴起,可以说是社会经济发展进程中的产物。环境资源供给与经济发展的正向关系是亘古不变的因果关系,科学技术的进步则有利于这一关系转换过程的效率提升,一定程度上可以缓解基本矛盾的相互冲突。在此论题下所要谈论的环境治理政府主导的法律体系建构,乃是国家环境治理行为在环境治理基本矛盾上对基本社会规范的矫正。此种环境治理领域内基本行为规范的修正与纠偏的最终载体便是立法理念重塑后建构的法律规范。那么,规范秩序下的行为引导功能,便会将行为主体、问题与目的纳入整体性的社会治理结构当中,从而调节社会治理的基本矛盾。

在某种意义上,可以将国家治理行为的互动想象成一个"政治市场",交易的主体除了存在资源、信息、技术等方面的交换关系,还存在着强制性的服从与支配关系。[87]作为经济学领域研究和解释国家治理逻辑的基本范式,政治市场中的"政治体制""交易机制""评价制度"决定了环境治理政府主导的基本类型,而体制机制的制度演化将会决定环境治理政府主导模式和结构的未来面向。同时,在政治市场中环境治理与经济发展中政治合法性的偏重,也具有决定性的作用。当然,环境治理与经济发展、政治衡平的基本状态将最终体现于国家的法律文本当中。

3.2 元治理理论与中国环境治理政府主导法治化价值耦合的具体表现

3.2.1 治理主体：元治理结构理论

3.2.1.1 政府主导型环境治理的结构构造

治理结构在治理机制中具有决定性意义。行为主义理论家认为，结构影响一个组织的行为，进而影响到组织的功能。因此，结构决定了组织的议程。合理的治理结构直接影响到治理运行及其效果。

从概念上讲，结构就是指事物的各组成部分之间的排列组合及有序搭配关系。任何事物作为一个整体都可以划分为部分（要素），各部分（要素）就形成了事物的结构，也就构成了事物的整体。因此，任何事物基本上都有结构。所谓治理结构，是指治理由哪些部分构成，包括对哪些方面的治理。治理结构和治理体系是一个问题的两个方面。因此，环境治理结构，就是指环境治理主体及其各要素之间关系及其构成。环境治理结构由多个层级和多个治理结构构成，是一个立体化的系统，包括内部治理结构、外部治理结构。内部治理结构直接影响到治理运作，是"第一行动集团"，处于核心地位。

从制度上来看，环境治理结构，是指为实现环境治理的有效性，环境治理主体对环境治理和绩效进行监督、激励、控制和协调的一整套制度安排。在环境治理结构中，最重要的是各治理主体之间的关系和制度化安排及其互动模式。

从公共治理主体方面看，治理主体相对于治理对象，是治理活动的承担者和行动者。治理主体与治理结构关系密切。多主体互相联络形成了治理结构，诸多治理主体一般通过制度安排以确定和促进这些行为者形成互动。管理与治理的最显著的区别是治理主体从一元化走向了多元化。在管理时代，政府作为唯一主体对公共事务进行管理。随着治理的兴起,治理主体不断扩展,包括政府、社会组织、企业、公民、国际组织等都参与到了治理之中,形成了多元治理主体。总体而言,治理主体有从公主体扩张到私主体的趋势,即由行使公权力的国家机关、政治组织扩张到公众、企业和社会组织等。

一般认为,元治理的主体是政府机关。也有学者认为,掌握相关资源的私人也可以成为元治理主体——当然,这种情况比较少见。通过政府机关(元治理主体)组织,促进其他行为主体之间的相互交流,从而产生相互影响。这里元治理主体由不同层次政府机关组成,从国家层面到地方不同层级的政府机关都可以作为元治理的主体参与到治理中来,形成了多层级的元治理。在多层级的元治理中,各级政府机关及其工作人员在工作中的任务目标很有可能并不一致,导致他们的行为也有差异和不统一。当然,元治理主体界限有时是模糊的,许多地方都留待读者自己理解。当然,当前西方学者关于元治理主体的范围界定仍然比较模糊,许多学者对元治理的研究里面根本就没有涉及元主体的界定问题,有些学者认为拥有资源的公权力机关与私人(组织)都可以成为元治理的主体。有些学者认为政党以及政客也可以成为元治理的主体。[88]

上述所讨论的是元治理(政府)主体及其相互关联形成的内在结构,但在元治理中并不排斥其他主体的参与,如企业、社会组织和公众等。这些主体一般并不构成元治理的主体,却是元治理的重要参与者,可以称其为元治理准主体或元治理参与人。这些元治理参与人之间形成了治理网络,同时与治理主体发生关联而形成了治理的外部结构。其中,政府始终是各种治理网络的中心,成为治理的主导者,在治理权威以及治理组织、治理规则制定等方面具有很大的优越性,这与"社会中心"治理理论观点存在很大差别。"社会中心"治理理论构建中政府与其他主体处于平等地位,通过相互协商的方式加强沟通,共同应对公共问题。但是在元治理理论中,政府成为公共治理的主导者,其他主体作为治理的参与者构成了治理网络。当然,元治理并不等于又回到了传统管理的"国家中心论"之中。政府在其中处于主导地位,但政府应以治理共同体建构为方向准则。而政府虽在治理网络的中心,但是这个治理网络由政府其他治理参与者共同构成,没有其他参与者,治理中心也就无从谈起。因此,其他治理参与者在元治理中也是不可缺少的,政府必须支持和鼓励其他治理参与者参与到治理过程之中。

从政府主导型环境治理结构来看,"政府"(包括政党、政党领袖、立法机关、行政机关、司法机关、监察机关等)构成了环境治理(元治理)的必然的治理主体,形成了治理的内部结构;企业、社会组织、公众等组成了治理的参与者,它们之间相互关联形成了一个或多个治理网络,同时与治理主体(政府)之间发生关联形成了环境治理的外部结构。

3.2.1.2 治理主体在环境治理内部结构的定位

无论是在元治理结构还是政府主导型环境治理结构中,政府都是不可或缺的甚至是唯一的治理主体,构成了政府主导型环境治理结构中的内部结构。从上述阐述可知,这里的"政府"是在广义上使用的,应指行使公共权力的公共组织,不仅是指行政机关,而且包括了政党等政治机构与人大、司法、监察部门等国家机关。鉴于我国现有政治框架以及制度现实,中国政府主导型环境治理主体主要包括如下几个类型:政党(共产党、民主党派)、政治领袖人物、人大(全国人大以及地方人大)、政府(国务院与各级政府机关及其组成机构)、司法机关(法院、检察院)、国家监察机关、国际组织等。这些治理主体之间及其与治理网络之间围绕一定环境治理目标相互关联、相互影响，最终形成了环境治理内在结构。我国政府主导型环境治理结构与上述元治理结构基本类同。"政府"主导型环境治理中的"政府"可以包括如上所列主体。当然，这些机关在政府主导型环境治理结构中又处于不同的地位，行使了不同职权，发挥着不同的职能作用。对此，本书研究中主要是结合中国政治框架、法律制度以及实际情况，探讨政府在环境治理结构中角色和地位。

① 政党（共产党、民主党派）。共产党是我国社会主义事业建设的领导者，当然也是环境治理的领导者。党的领导是我国环境治理的动力之源，也是治理成败的关键。党的领导主要体现在制定环境治理目标、原则，确定环境治理的领导体系、监管体系、责任体系，推动环境立法及相关政策、法律制度的制定。党的领导主要是在政治方向、组织领导等宏观层面对我国环境治理进行把控。当然，党也有从中央到地方的严格组织，每一个层级的党委都有相应的职权，差异也非常大，如中央层面的党组织可以发布全国性的政策文件，推动全国环境治理整体推进，是区域性环境治理的间接主导者，而基层的党组织则更多的是政策的执行者，环境治理的直接主导者。

我国的政治制度实行共产党领导的多党合作制，决定了其他民主党派对环境治理有参政议政、民主协商的职权，对环境治理进行民主监督。近年来，我国民主党派对环境治理问题提出诸多参政决策和提案，直接影响了环境治理过程。《21世纪经济报》记者统计发现，民进、民建、农工党、致公党等民主党派陆续向媒体公开环境治理提案，如农工党《关于利用大数据推进土壤污染防治的建议》、九三学社《关于建立流域生态补偿长效机制的建议》和《关于强化农村生活垃圾处理的建议》等，这些提案都对我国环境治理产生了一定影响。

② 政治领袖人物。在中国政治领袖人物主要是指党的总书记、国家主席。《宪法》规定提到了马克思列宁主义、毛泽东思想、邓小平理论和"三个代表"重要思想、科学发展观、习近平新时代中国特色社会主义思想。党的十八大以来，习近平总书记多次在不同场合针对环境保护发表诸多重要讲话，如2016年8月19日在全国卫生与健康大会上指出对生态环境污染问题，各级党委和政府必须高度重视，要正视问题、着力解决问题，而不要去掩盖问题。2018年4月11日至13日，习近平在海南考察时强调：牢固树立绿水青山就是金山银山的理念，像对待生命一样对待这一片海上绿洲和这一汪湛蓝海水。这些讲话为有效推进我国环境治理和生态文明建设进程发挥了重要作用。

③ 立法机关。我国人大具有广泛的职权，主要通过行使立法权、监督法律实施、审查和批准国民经济和社会发展计划和计划执行情况的报告等方式，对环境治理开展基础性工作。当然，我国人大也分层进行机构设置，从全国人大到地方各级人大，其行使的职权差异很大。全国人大属于我国最高权力机关，几乎可以对所有环境治理问题进行立法以及法律监督。

④ 政府。这里政府是指国家行政机关或执法机关，包括国务院和地方各级行政机关及其组成机构。在行政机关内部，设立了环境保护专门机构，专门从事生态环境保护工作。行政机关在环境治理中发挥了主体性作用。国务院是我国最高行政机关，行使广泛的行政职权，包括根据宪法和法律规定行政措施，制定行政法规，发布决定和命令，领导和管理经济工作和城乡建设、生态文明建设等。

⑤ 司法机关（法院、检察院）。在我国，司法机关主要是指法

院和检察院。法院是审判机关,行使审判权,检察院是法律监督机关,行使检察权。司法为环境治理提供了最后一道法律防线。司法机关进行环境案件的司法审判,化解环境治理中的各项矛盾,落实行政机关以及当事人在环境保护中的责任。尤其是近些年我国加强了检察职权,成立了生态环境保护检察专门机构,实施了环境保护公益诉讼制度,强化检察机关审判监督职能。这些司法机关在环境治理中发挥了司法保障作用。

⑥ 国家监察机关。监察机关是行使国家监察职能的专责机关,行使监察权,对国家机关及其工作人员的生态环境违法行为进行监察,调查职务违法和职务犯罪等。近年来,监察机关加大了对环境治理工作的监察力度,加大了对生态环境保护领域不担当不作为行为的问责追责力度。

⑦ 国际组织。环境问题不仅是个区域性问题,而且是全球性问题。当前,"共建地球生命共同体"成为全球环境治理的重点和发展方向。在全球环境治理中,由于缺乏类似"政府"的组织机关,很大程度需要国际组织进行主导。1956年国际自然保护联合会改称国际自然和自然资源保护联合会(IUCN)。1973年成立联合国环境规划署(UNEP)。此外,世界自然基金会(WWF)、全球环境基金(GEF)、绿色和平组织(Greenpeace)等国际环保组织也纷纷成立。这些国际性组织对促进各国间的环境工作的联系与合作,组织各种环境学术交流活动,实施全球环境治理发挥了重要的作用。

上述环境治理主体相互关联、相互配合、相互制约,在环境治理过程中处于不同地位,被赋予不同职权,发挥不同功能,共同构成了政府主导型环境治理机制的内部结构。

3.2.1.3 治理参与人在环境治理外部结构的定位

元治理嵌入到环境治理之中所形成的政府主导型环境治理，相较于传统的社会中心治理结构更为复杂。在政府主导型环境治理结构中，包含了内部治理结构和外部治理结构。在元治理理论看来，虽然治理参与人不是环境治理的主体，但是仍然是治理不可缺少的组成部分，它们构成了治理网络的部分，在治理过程中发挥了不可替代的作用。政府应该鼓励和支持，而不是限制其他治理参与人参与到治理之中。在政府主导型环境治理结构中，治理参与人主要包括企业、社会组织、公众等，他们共同参与到了环境治理之中，各自在治理中处于不同地位，也发挥了不同的作用和功能。

① 企业。企业是政府主导型环境治理的参与人中的主要成员。政府主导型环境治理机制须以企业为主体（这里主体意指主要参与者、主要责任者）。随着现代工业与现代企业制度的兴起，企业发展逐渐成为改变环境和造成环境问题最主要因素。企业通过开发和利用自然资源创造利润，也就不可避免地带来了对生态环境的破坏。

企业是生态环境的最主要破坏者，同时企业也应该是生态环境治理最主要的参与者。企业以追求自身利润最大化为目标，而政府以提供公共产品、维护广大人民群众利益为最高目标。企业创造财富，政府一般不直接创造财富。企业在创造财富过程中，自然会对资源进行开发和利用，引起环境污染。但企业在获得利润之后，也可以拿出部分利润对环境污染进行补偿，环境保护投资的绝大部分资金都来自企业。企业是环保工作的真正实践者，也就是环境治理的责任主体（这里主体是指主要参加者和主要依靠）。

通常来说，构建绿色经济体系的核心与关键是建立企业参与环境治理与生态保护的相关机制体制。一是企业通过改进技术，不断减少对自然资源和生态环境的破坏，减少企业排放的污染物，增加所产生污染物的再利用和再循环，提高资源的利用效率。二是企业通过成本利润核算建立起自然环境的生态补偿机制，为环境治理提供资金支持。在政府主导型治理结构中，企业是环境治理参与者中的主要成员，主要责任承担人员。这也是"以企业为主体"的内涵。三是企业通过其强大的组织能力，把各种人力、资金等资源组织起来，实现环境治理目标。公共治理理念本身来自企业治理，就是把企业治理的模式运用到公共事务的治理之中。因此，企业组织治理模式对环境治理具有较强大的组织能力。在缺乏政府主导的情况下，如果政府放任不管，企业以追求利润为最大目标，不会随便花成本去为工厂安装改善污水或废气排放等的环保净化设备，也不会有动力去改造城市供水与排污管道，进行垃圾处理等，因为这些事务均无利可图，而且可能需要企业付出较大的经济成本。对此，如果政府放任不管，企业在追求利润目标导向下，为降低成本，以牺牲环境来谋求经济利润成为企业的必然选择，这样就会进一步加剧企业对环境的破坏，有时甚至为追求利润最大化而导致环境恶化。

② 社会组织。环境治理是一个非常复杂而艰巨的系统工程，需要全社会的共同努力。社会组织是环境治理的主体力量之一。社会组织作为社会自组织，以自立、自治、自我服务、自我教育为显著特征。由于社会组织具有更强的社会动员能力和一定的组织能力，且可代表不同社会群体的诉求，因此在环境治理中日益成为重要的治理主体。[89]在环境治理中，会发生政府失灵，而社会组织在弥补政府失灵方面则发挥了重要作用。

以环境影响评价制度为例，一般认为，由于环境影响评价本身的科学技术性比较高，使得一般公众，甚至政府很容易被复杂的专业术语所限制，很难参与其中，但由专家组成的环保组织可以花费大量的时间与资源来对环境问题进行研究，从而成为某一方面的环保专家，他们的参与可以更有效地推动该评价程序的进程。[90]环保组织在加强环境保护宣传、提倡环保生活方式、探索建立环保补偿机制等方面发挥了政府以及其他治理参与人很难取代的作用，尤其是随着我国环境公益制度的建立，社会组织可以作为原告提起环境公益诉讼，在很大程度上增加了社会组织参与环境治理的机会。

③公众。公众参与是治理的必然要求，一般包括政治性参与、社会性参与和法律性参与等基本类型。让公众广泛参与环境治理，有非常充分的伦理、实践方面的实质性理由。从伦理上讲，公众应该有能力参与对他们造成影响的决策。环境污染对每个人都有直接影响。公众参与决策会扩展民主的逻辑，这里的民主基础就是让公众参与选择关于他们的治理方式。社区和公众有权按照自己的意愿创建居住地和社会，而不是简单地把环境问题看成外来的威胁。从实践上看，让公众参与决策是为决策获得合法性的最有效途径。社区和公众的参与可以减少人们因为利益不同而发生的冲突，提升环境治理的合法性。

公众参与中的"公众"范围非常广泛。从理论上而言，几乎所有的人都可以参与到环境治理过程之中，但实际上，对于大多数环境决策过程而言，让所有可能受决策影响的人都能参与，基本上是不可能完成的任务。这里的公众可以是利益相关的个人，也可以是个人组织成的组织。这些个人既有可能是普通居民，也有可能是专家。根据施密特（Schitter）的分类，可将可能参与决策的公众（行动者）分成七个不同类型——权利相关者：通常包括每一个公民或公众成员；空间相关者：由于空间上邻近而受影响的人，如居民；

实物相关者：实际拥有的实物将受到决策影响的行动者；利益相关者：可能影响决策或可能被决策影响的人；利害相关者：有意愿参与决策过程的任何行动者，通常代表某个其他团体；地位相关者：因为负有某种正式的职责，有义务参与决策过程的行动者；知识相关者：为了让决策具有权威性而青睐参与的专业人士和专家。

上述环境治理参与者，都离不开政府在法律与政策上的支持，离不开政府在运作上的组织调动。当然，它们也是环境治理不可缺少的成员，它们有各自位置和角色，在环境治理过程中发挥了不同的功能和作用。在政府的主导下，它们与政府一起共同构成了政府主导型环境治理的外在结构。

3.2.2 治理工具：元治理制度

3.2.2.1 环境治理工具构成

治理主体是指由谁来治理决策的问题，而治理工具则是治理手段问题。在治理的内涵及其结构中，治理主体是第一层次的问题。什么样的主体参与、各个主体与各参与人之间的关系怎样等，将决定治理的效果。选择治理的工具是第二层次的问题。在决定了治理的核心内涵及参与主体的关系之后，工具的选择则显得尤为重要。这也意味着，在政府主导型环境治理之中，参与治理的人已经组织起来了，即已经形成治理网络，政府则永远处于主导地位并与其他主体形成了引导、合作与治理的关系。接下来就是如何治理和用什么样的工具进行治理的问题了。

随着科技、经济与社会的迅猛发展，当今世界政府治理工具空前多样化，形成了一个庞大的治理工具箱，政府随时可以根据需要及时选取、及时"拿出"进行治理。现代化管理技术，尤其是市场机制和工商管理技术在政府治理中的应用日益加强，成为当代公共治理的重要工具。正是这些治理工具的多样化，为环境治理提供了多样化的选择机会，同时也丰富了环境治理手段和模式。

总体来说，世界各国，尤其是西方国家在政府改革与治理中广泛应用了现代管理工具。学者们普遍把当代政府的一般性治理工具分为三大类：市场化工具、政府管理工具和社会化工具。与市场有关的方法、手段统称为市场治理工具，具体包括民营化、用者付费、合同外包、特许经营、凭单制、税收与补贴、分散决策、放松管制、产权交易、内部市场等。政府管理工具主要是指政府治理中借用企业、工商业领域的管理手段和方法，具体包括全面质量管理、目标管理、绩效管理、战略管理、标杆管理、流程再造、项目管理、顾客导向、公司化、企业基金、内部企业化管理等。社会化工具则是指非政府组织自我管理所采取的形式的统称，具体包括志愿者服务、公私伙伴关系、公民参与及听证会等。除此之外，还有些系统性工具，如电子技术应用、多种技术的集成、公开透明系统等。在一个工具理性的国家，治理工具的选择直接关系到治理的效果。单一工具显然难以达到多种可选择工具治理的效果。[91]

从新制度主义观点来看，治理工具的本质为制度规则的组合和具体的制度安排，即工具就是制度（institutions）。当前，对"制度"存在多种不同理解，尤其是经济学对制度开展了较广泛的研究，存在诸多定义。经济学家舒尔茨将制度定义为一种行为规则，这些规则涉及社会、政治及经济行为。大到国家政治权力、政府对资源分配，小到公民结婚与离婚，都受到规则的支配。前者受宪法规则支配，后者受婚姻法规则管束。[92]

从伦理与法律的视角来理解，"一切集体行动建立权利、义务，没有没有权利和没有义务的社会关系"，即从制度的功能及其作用层面来分析制度概念，将制度延伸为"集体行为抑制、解放和扩张个体行动"。[93]根据以上对制度含义的理解，制度的范围非常广泛，涉及社会、政治、经济各领域，可以认为，凡是对人的行为发生约束的外在规则都可以称为制度。也可以说，制度是一套约束和引导人的行为的规则。在宽泛意义上理解制度，计划生育制度可以界定为对人们生育行为发生约束的系列规则，包括生育政策、生育法律、生育传统习俗等。制度能够决定人们的行为偏好，因为人们是在规则之下做出选择的。"制度构造了人们在政治、社会和经济方面发生交换的激励结构，制度变迁则决定了社会演进的方式。"[94]

根据以上对制度含义的理解，可以认为，凡是对人的行为发生约束的外在规则都可以称为制度。制度的范围非常广泛，涉及社会、政治、经济各领域。也可以说，制度是一套约束和引导人的行为的规则。从环境治理上理解制度，环境治理工具可以界定为政府（国家）采取的对环境问题进行治理的一系列有效规则。对人们环境治理行为发生约束的系列规则，包括环境法律、环境政策、环境传统习俗（非正式制度）等。对此，本书正是在制度层面，从环境法律和环境政策两大方面对环境治理工具进行分析和研究。事实上，治理工具很多，但是并不表示政府能在治理工具选择上随心所欲，必然受到治理合法性、民主性，以及治理的现实性等因素的制约。托克维尔提出："一个中央政府，不管它如何精明强干，也不能明察秋毫，不能依靠自己去了解一个大国生活的一切细节，它办不到这一点，因为这样的工作超过了人力之所及。当它要独立创造那么多发条并使它们发动的时候，其结果不是很不完美，就是徒劳无益地消耗自己的精力。"[95]

3.2.2.2　法律：政府主导型环境治理工具之一

无论是在传统社会还是现代国家，法律都是统治阶级进行阶级统治的重要工具。法律兼具政治统治职能和社会公共职能，成为政府对社会生活进行调整的最佳方式。法律在环境治理中为先导，引领着环保事业发展。环境治理的基本法律制度，是为实现环境保护法律的立法目的，根据环境保护的基本原则而制定，于环境保护法律中对污染防治具有重要、普遍和指导意义。实际上，对于环境问题，政府通过制定法律来加以干预也由来已久。例如，早在《汉谟拉比法典》中有关于土地、森林、农场的耕种、垦荒和保护的规定；德国巴登州于 1488 年曾颁布过《森林条例》；法国在 1669 年路易十四统治时期颁布过森林和水方面的法令等；英国在 1863 年颁布了《制碱业管理法》；美国在 1864 年颁布了《煤烟法》，等等。随着环境问题日趋严重，人们对环境问题的关心程度日趋高涨，政府法律制度也日趋繁杂，形成了一个非常庞杂的环境法律制度体系。传统的法律理论和法律部门均为环境法的建立和发展提供了学理、制度与技术上的基础。但是受环境问题特殊性影响，环境法律制度需要对传统法理以及法律制度进行更新和充实，在很大程度上形成了别具一格、自成一家的环境法律制度体系，从而对整个法律体系的发展产生了深远影响。环境法律制度全面而深刻地改变了传统法律体系的面貌，有学者称之为"第三次法律革命"。[96] 例如，环境问题的地域性及国际性以及区域的不确定性，环境损害的缓释性要求制度设计上兼顾补偿性与预防性、举证责任之倒置等。

3.2.2.3 政策：政府主导型环境治理工具之二

环境政策与环境法律关系密切，共同构成了环境制度和环境治理工具。在公共管理学上，法律也是一种政策或工具，即环境政策工具也包含了环境法律工具，但从狭义上来说，尤其在法学上对政策与法律作出了严格区分。政策的制定主体是国家政权机关、政党

3 元治理理论与中国环境治理政府主导法治化的价值耦合

组织、其他社会政治集团等，其是为了实现某一特定时期的利益，以政策导向为主的权威形式标准化的具体规定。法律的制定主体相对单一，而"政策"的制定主体相对比较灵活。政策与法律的边界在环境法领域中通常是相互渗透的。一方面，纵观我国环境法发展的历程，党的十四大报告中将加强环境保护和控制人口增长作为我国的基本国策一并表述，持续到党的十九大报告。对此，不难看出，环境政策在相当长的时间里起着至关重要的作用，通常是环境问题的出现倒逼环境立法的出台。在很长的一段时间内，环境政策在特定历史时期发挥着不可替代的作用。一方面，环境问题日益严峻的形势需要我们去及时应对，这就需要我们的环境法律体系的加强与完善；另一方面，受制于国际环境保护活动的影响，包括联合国斯德哥尔摩人类环境会议、联合国环境与发展大会等一些系列会议，对中国环境法的发展产生了重要影响。环境政策与环境法律作为治理环境问题的手段，二者在区域治理过程中发挥着不可替代的作用，因此需要兼顾环境政策与环境法律的协调发展与配合。总之，政策既能对立法提供方向性指导，也能对法律实施产生深远影响。尤其是在法律不成熟的阶段，环境政策对环境保护起着重要的决定性作用。自20世纪50年代以来，面对全球环境恶化的趋势，以及环境立法复杂性困扰，各种环境治理工具纷纷登台。世界各国政府开始设计、选择和应用各种类型的环境政策工具来治理环境。最初，各国政府主要依靠强制的命令控制政策工具来对环境破坏进行制止。20世纪90年代以来，信息披露型环境政策工具应运而生。1997年，世界银行年度报告把环境治理政策工具划分为四类：利用市场型、创建市场型、环境管制型和公众参与型（详见表3.1）。[97]

表3.1 环境治理工具

利用市场型 (Using Markets)	创建市场型 (Creating Markets)	环境管制型 (Environmental Regulations)	公众参与型 (Engaging the Pubic)
补贴削减 环境税费 使用者收费 押金—退款制度 有指标的补贴	产权与地方分权 交易许可证和权利 国际补偿机制	标准 禁令 许可证与限额 分区 责任	公众参与 信息公布

①利用与创建市场。利用市场是指在市场经济体系里，市场是调配资源的核心方式与手段，实践中通过排污费和信贷津贴等激励措施和利用市场工具进行环境治理，就要遵循市场规律，充分发挥市场机制作用，减少对市场价格、市场竞争的人为干预。而创建市场是缓解缺乏环境资源与服务市场问题的最为持久与最为普遍的基本路径。

②环境管制。环境管制又被称为命令控制手段，是解决环境问题最常用的方式。这种方式主要是通过政府颁布有关环境法规、规章制度和标准来管理环境，主要有标准、禁令、许可证和配额等。

③鼓励公众参与。公众参与是环境治理的重要手段，是对环境基础设施进行成功管理的关键。同时，在环境保护领域里，应让公民有权通过一定的程序或途径参与一切与环境利益相关的包括决策在内的活动，使得环境决策等活动符合广大公民的切身利益。通过宣传、公告等形式，引导公众或社会组织自觉参与环境保护，形成对政府治理过程的监督。信息公开、社区压力和公众参与对环境治理可以产生较大的推动力。

以上政策工具，都离不开政府作为主导者的积极参与。虽然利用市场的政策工具需要排斥政府的主动干预，但是无论市场机制的形成还是市场准入门槛，都离不开政府之手进行有效调节。

3.2.3 治理动力：元治理权力配置

相较于多中心治理或网络治理，元治理理论和实践要解决的一个核心问题就是治理动力不足的问题。在多中心治理结构中，政府与其他环境治理主体几乎处于平等状态，导致了治理动力严重不足，有时几乎处于停滞状态。政府、企业、社会组织等主体参与合作的内在动力不足，也就难以产生积极的行为。而在元治理结构中，政府处于主导地位，相对其他治理参与人处于更高的位置。从元治理结构上来看，政府主导型环境治理动力主要由内部动力与外部动力构成。

3.2.3.1 政府主导型环境治理的内部动力

政府主导型环境治理的内部动力主要在其内部结构，而内部结构产生的内部动力（内力）是我国环境治理的核心动力。我国改革开放以来，制度改革与创新的一大特点，就是由政府从体制内部自上而下加以推动，尤其是中央高层的决策具有强大的原生动力。内因是主要矛盾，外因是次要矛盾，但二者缺一不可。我国环境治理动力也是分层次的，具体而言，中央高层决策推动，形成第一股动力或原生动力；地方政府出力层层推动，形成第二股动力；各执行部门接力推动，形成第三股动力……企业、社会组织和公众作为外部力量加以回应，最后形成内外双重动力加以循环推进。政府（这里指广义上的政府，包含执政党、人大等）是环境治理的最直接的推动者和推行者，其通过内部结构整合各种治理资源，层层推进环境治理的进行。政府主导型环境治理内部动力主要源自如下三个方面。

一是执政党职能的本质要求。政党作为特定阶级、阶层或集团利益的代表，以政治组织的形式存在于社会。在现代社会中，政党已成为现代国家政治运行中必需的领导力量,在一个国家和社会的发展中发挥着引领性的作用。执政党掌握了国家政权,控制了公共权力,在国家政权与社会运行中具有最高领导的地位。与传统社会政治主体相比,政党是现代国家新出现的重要政治主体。美国学者卡茨指出:"作为现代政治基础的政治制度与政治实践都由政党所创造,没有政党,一切都是不可思议的。"[98]执政党是将国家与公民社会联系起来的机制:一方面,执政党需要积极联系人民群众从而强化自身的合法性地位;另一方面,执政党在国家制度层面将国家政权和社会紧密联系起来。[99]

二是政府绩效考核。政府绩效,是评价政府治理水平和运作效率的重要依据。政府绩效考核,是对政府公共部门的工作进行量化或等级化,据此对政府工作部门的效率、管理能力、服务质量、公共责任和公众满意程度等进行评价,对政府管理过程中投入与产出所反映的绩效作出的评定。政府绩效考核不仅决定着政府工作的方向,而且还影响政府工作人员的待遇以及升迁,各级政府不得不高度关注。20世纪70至80年代,政府绩效考核在美国、英国、加拿大、瑞典等国家得到了飞速的发展,越来越强调"经济性"(economy)、"效率性"(efficiency)和"效果性"(effectiveness),此即"3E"标准,后来增加了"公平性"(equity),由此发展成为"4E"标准。

展开来讲,环保绩效考核属于并且也是政府依法履行环境有关职责、提供环保公共产品及其配套服务的整体考核。通常做法是将环保的科学指标纳入政府政绩考核之中,借助上级政府对下级政府的这些考核,来增加领导干部压力及由压力所带来的有关动力,进而指引各级政府及其主要领导进一步对环保责任进行明确,以此确保能够落实地区的环境保护和发展的整体决策机制。因此,可以认为,把生态环境保护设置成政府绩效考核的指标,无疑给政府保护环境施加了强大压力,这种压力最终转变为环境治理的动力。例如,宁夏回族自治区于2006年首次明确建立了环保行政问责制,每年对领导班子从环保总量控制、环境质量、工业污染防治、生态保护四个方面进行考核。2014年,又出台了《宁夏回族自治区环境保护行动计划(2014—2017年)》,这是全国第一部由省级人民政府印发的环保行动计划。经过多年的不断完善和发展政府环保绩效考核相关机制,宁夏回族自治区生态环境恶化趋势得到有效遏制,各级领导班子和领导干部都把生态环境保护作为重要的工作加以推行。[100] 为此,2015年1月1日,新修订的《环境保护法》将建立绿色GDP绩效考核制度作为重心,其对地方政府的辖区环境责任进行了明确规定,并同时设立资源环境承载能力的监测预警机制,以此实施环保目标责任制度与考核评价制度,并在此基础上明确要求制定现行的经济政策必须将其对环境的影响作为重要考虑要素。

三是地方政府竞争。从实践来看,地方政府之间的竞争是中国经济高速增长的重要推动力量。[101] 在未将生态环境保护成果纳入政府绩效考核前,地方政府之间的竞争促进了经济快速发展,同时也间接导致了生态环境恶化。[102] 随着国家对生态环境保护越来越重视,逐步建立起了生态环境绩效考核机制,地方政府逐渐成为环境治理的主要动力,并形成了一股竞争发展的趋势。尤其是住房和城乡建设部启动国家生态园林城市创建与评比工作之后,各地纷纷加强城市生态环境保护与建设,竞相参加国家生态园林城市建设与评比。同时,地方政府为了吸引更多消费者,引进更多人口居住,提升当地居民幸福感,形成了一股加强环境治理的动力。

3.2.3.2 政府主导型环境治理的外部动力

政府主导型环境治理的外部动力主要来自其外部结构,而外部结构产生的外部动力(外力)是我国环境治理的重要动力。外部动力主要由企业、社会组织和公众提供。当然，内部动力是内在动力，内因是环境治理的根据，是环境治理的主动力，在环境治理过程中发挥核心作用；外部动力是外在动力，是环境治理的条件和被动力，在环境治理过程中发挥配合作用。内在动力与外在动力一起推动了环境主导型环境治理的进行。政府主导型环境治理外部动力主要来自以下三个方面。

一是环境治理的经济效益。利益是推动社会进步的动力，也是推动环境治理的动力。一般而言，政府主导型环境治理的参与者（包括企业和公众）作为市场经济主体，以追求自身利益为最高目标。而环境治理属于公共产品，一般都会造成企业和个人的负担和成本。在一般情况下，大多数企业和个人都会使用"搭便车"的方式不愿承担环境治理责任，自然导致了环境治理参与者对环境治理的动力不足问题。

然而，在政府制定环境保护法规和标准，对企业相关设备进行一定强制性改造之后，企业也会在提升生态效益的同时提升经济效益。例如，企业在一定的技术经济条件下对物料的加工程度是有限的，往往不可能百分之百地利用，一般是加工使用到对企业最有利为止。因而，一方面企业在生产过程中排出一定数量的"废弃物"造成环境污染难以避免，但另一方面，由于废弃物中含有大量可再生利用的原料，通过技术引进和设备改造可以对这些"废弃物"加以回收利用，所回收利用物料的价值就能为企业带来直接经济效益。这些直接经济效益包括企业生产过程中物料流失的减少，资源、能源利用率的提高，废弃物综合利用率和废弃物资源化程度的提高等。这样除了带来直接经济效益之外，还带来了间接效益，主要是指保护环境、治理环境带来的环境质量改善等社会综合效益，如空气清新、水资源清洁、居民生活安适，等等。

二是环境治理的生态效益。经济效益主要反映在投入产出比例上,是指利润率越高,越能够彰显经济效益好,但这些体系的经济效益变动的指标均不能代表经济发展过程之中的生态质量、环境质量的有关变动。生态效益与此不同,其反映于生态质量、环境质量的变动上。在经济发展过程中,如果投入为既定,生态质量、环境质量越是恶化,就表明生态效益越差;反之,如果投入为既定,生态质量与环境质量越是向更好的方向转变,那是表明生态效益越好。[103]一般而言,除了环保企业之外,企业的经济效益与生态效益很难达成一致,在某些情况下,两者方向甚至会相反。

三是公众施压。生态环境关系到每一个人的生活质量,甚至生存延续,自然会引发公众对环境治理的关注。公众参与可以对政府、企业等组织机构施压,形成一股强大外力,要求对生态环境进行保护,推动环境治理。目前,我国还处于社会主义初级阶段,经济发展与环境保护的矛盾日渐突出,仅仅依靠国家采取一些措施来缓解和解决环境问题是远远不够的,必须让公众参与到环保工作中来。

公众对政府等有关部门施压主要体现在如下三个方面:一是公众对环境治理过程的监督。公众通过各种途径参与到环境治理过程之中,对环境保护与监管问题进行监督,然后把相关信息向政府部门、企业等进行反映,进而对有关组织机构形成压力,从而推动解决环境治理问题。二是环境公益诉讼。法律授权给公众(环境公益性组织)对违反法律侵犯公众利益的环境责任人提起公益诉讼。三是游行示威,乃至群体性事件。近几年,因环境污染问题或环境敏感项目引发的群体性事件,值得相关部门予以重视。

4 元治理理论观照下中国环境治理政府主导法治化的问题审视

前已述及,元治理理论与中国环境治理政府主导法治化在工具价值维度上具有高度的契合性,能够为观察与检视中国环境治理政府主导法治化面临的理论与实践困境提供理论分析工具,同时也可以为证成中国环境治理政府主导法治化的完善路径发挥价值指引作用,有助于形塑中国环境治理政府主导法治化的理论基础。因此,从元治理理论的要素构成与中国环境治理政府主导法治化的制度与实践现状可以看出,通过近三十年的法治化建设和以 2022 年 4 月 6 日第二轮第六批中央生态环境保护督察集中通报的五个典型案例为代表的中央生态环境保护督察通报制度机制的构建,中国环境治理政府主导法治化不仅已经建立一套比较完整的制度体系，还形成了一整套包括政府、企业，以及社会组织和公众等环境治理主体参与的实践运行机制，从而已经完成了中国环境治理政府主导法治化的基本架构。然而，通过对中国环境治理政府主导相关的法律文本以及实践机制的审视，可以看出，由于缺乏分析和指引的系统理论分析工具，法治化整体上呈现出初级化、分散化、缺乏衔接等缺陷。① 因此，在对当前中国环境治理政府主导法治化现状进行充分了解的情况下，通过元治理理论对当前中国环境治理政府主导法治化的现状进行分析，可以发现当前环境治理政府主导的法治化存在一系列问题，即政府主导下政府自身存在的问题，以及与其他相关主体关系存在的问题。可以从这两方面对政府主导法治化的功能失范进行考察，具体包括元组织治理职责不清导致监管效率低下、元交换信息失真导致企业自律治理失范，以及元约束缺乏不同主体间的协调和配合。

4.1 元组织治理职责不清导致政府主导法治化的监管效率低下

元治理理论，即关于已有的多元复杂治理系统的多个治理者的更高层次治理理论。该理论认为在全球化的语境下，现代治理模式

---

① 法治化整体上呈现出的初级化、分散化、缺乏衔接等缺陷，具体体现为：在相关宪法和法律的规定中，虽然在相关法律文本表述中一直将政府主导的指导思想贯彻在具体的条款之中，却并没有在法律上明确政府主导的环境治理性质，从而使相关政府主导的法治化仍然处于立法探索的初级阶段；政府主导环境治理的相关法律规定，不仅散见于不同的法律文本中，即使在同一法律文本，如作为环保基本法的《环境保护法》，关于政府主导的内容均散布于各章的具体条款中，从而使相关规定的分散性特征非常明显；相关法律虽然对不同环境治理主体的权利义务均进行了相应的划分，但并没有对彼此间的协调和配合机制进行细则性规定，从而导致实践中缺乏必要的衔接制度与机制。

呈现出由多元主体共同治理的复杂模式,然而参与治理的多元主体往往缺乏统一的协商,从而导致治理效果不佳,因此,应当由国家政府作为上一级治理者,即元治理的治理主体来完成多元治理主体的宏观治理形式。据此,可以认为,元治理理论的提出,进一步强化了自20世纪30年代以来流行于西方的以"凯恩斯主义"为典型的通过政府干预矫正市场失灵的理论,颠覆了西方之前的将自由资本主义理论作为基础的有限政府理论。[104]

根据自由资本主义理论,国家和市民社会属于两个完全不同的领域,代表国家行使权力的政府应当谨守国家和市民社会的界限,只承担对内维持治安和对外负责国家安全的有限责任,而市民社会则交由"看不见的手"的市场规律自行调节,即由市民自行治理,并以契约作为市民社会自治的主要方式,进而衍生出有限政府理论,以及与此配套的司法自治、市民社会自治等理论。[105]在这一理论下,包括环境治理等与维持治安和国防安全无关的社会治理职能完全由市民社会自行承担,并通过市场经济的自发运行实现资源配置的最优化,有限政府理论在资本主义发展初期为企业发展提供了宽松的发展环境,并促进了西方资本主义国家的迅速崛起。[106]然而,在有限政府理论下,以资为本的资本主义企业为了最大限度实现自身的利润,毫不关心包括排污等行为可能引发的社会危机和生态危机以及由此对公众生命健康的损害。20世纪的两次"世界大战",以及连绵不断的周期性的经济大萧条等直接威胁到人类的生存和发展乃至资本自身利益的世界性浩劫,引发了一系列震惊世界的生态灾难。正是因为对世界性浩劫和生态灾难的反思,"一战"后爆发了以彻底终结资本主义自私自利且不可持续的以资为本的罪恶制度的苏俄十月革命,并建立了第一个以普通公众利益为先的社会主义国家政权,"二战"后,以中华人民共和国为代表的社会主义国家建立。

在有限政府导致的资本无节制地损害普通民众利益导致的国内危机，以及社会主义国家迅速崛起的外在危机的双重压力下，西方开始出现了抛弃传统的有限政府理论，主张对市场经济实行全面干预的"凯恩斯主义"，以及以此为指导的成功典型美国罗斯福新政，还有"二战"后西方资本主义社会为维护自身存续的反思性改革。由国家大规模干预市场经济，矫正由于自由资本主义导致的市场失灵已经成为世界潮流。正是在这一背景下，为国家更加深入干预市场经济运作提供理论支撑的"元治理理论"应运而生。

从本质上来讲，元治理理论诞生的目的是对现有资本主义有限政府理论指导下的政治框架进行改良，由名义上代表公众利益的国家权力的代表——政府对市场主体的行为进行强制性的协调，从而有效克服资本主义发展过程中不同市场主体追求自身利益而罔顾社会整体利益而导致的发展的盲目性，以及与之相伴随的资本主义周期性的经济危机。元治理理论赖以存在的理论基础即政府代表公众利益在资本主义社会只不过是自欺欺人的空想。资本主义国家的政府归根结底只可能是资本利益的代言人，通过政府的介入有效改变资本主义市场主体罔顾社会整体利益的唯利是图的不当行为从根本上成为不可能。因此，元治理理论虽然在一定程度上能够起到缓和资本主义内部危机的作用，但并不能从根本上改变其发展存在的盲目性问题。

对于作为社会主义国家的中国来讲，国家的社会主义性质决定了政府是人民利益的忠实代表，可以在包括环境治理的社会治理过程中有效代表人民的整体利益对相关市场主体可能产生的唯利是图的不当治理行为进行有效矫正，从而能够在理论前提和具体实践上真正符合元治理理论的要求。正是因为中国的社会主义性质与元治理主体代表人民整体利益的完美契合，使元治理理论能够成为分析当前中国政府主导法治化进程中的环境治理的有效工具。因此，从元治理理论的视角对中国当前环境治理政府主导法治化问题进行分析和研究，能够从政府作为环境治理主体进行元治理的角度，分析当前环境治理政府主导法治化过程中存在的问题，进而提出有效的完善和改进策略，以最大程度发挥政府作为元治理体系中的最终治理者应当具有的主导功能，在整合社会环境治理资源的基础上实现环境治理效能的最大化。具体来讲，元治理理论下由于作为元治理主体的政府部门职责不清导致的治理效力低下体现在以下两个方面。

4.1.1 元组织治理框架涣散导致治理效果不够突出

所谓元组织，即在元治理理论下，代表国家对相关领域进行元治理的相关政府部门，但由于以环保法为主的相关法律对于环境治理国家权力分工规定的模糊性[107]以及制度监督缺位等，产生了元组织治理框架涣散导致治理效果不彰的问题。此方面主要包括环境治权职责分工不清、央地协调机制欠缺、环境元治理系统内部的涉环境腐败等，表现出元组织治理的制度化规范化水平不高、长效机制不健全问题。

4.1.1.1 环境治权职责分工不清

环境治权职责分工不清包括不同主体的职权职责分工不清和政府主体不同部门职责分工不清，其主要表现在作为元组织的政府与作为元治理对象的企业、社会组织和公众之间的分工不清，以及作为元组织自身的不同政府部门的职责分工不清。一方面，代表人民整体利益的政府部门作为元组织，要在元治理过程中高质高效地贯彻相关环境治理目标，必须通过法律的安排使其与其他环境治理参与人主要是企业、社会组织和公众有明确的分工，关键是需要明确政府对环境治理进行元治理的权力，以及其他环境治理参与人对政府的元治理行为进行充分配合的义务。然而，在当前的环境治理分工规定中，由于有限政府理论和社会协同理论的不当影响，在具体实践中出现了过度强调企业、社会组织和公众对于环境治理的作用，而忽略了法律明确规定的更为重要的政府主导的元治理功能的问题，导致政府作为元组织与元治理对象之间的职责分工不清，从而导致政府元治理功能得不到有效发挥，在很大程度上影响了环境治理整体效能的提升。另一方面，为了有效贯彻代表整体人民利益的环境治理目标，还必须保证代表国家行使元治理职能的元组织能够有效行使相关元治理职能，这就要求宪法和法律赋予相应环境治理权的相关政府部门之间应当分工明确，并且通过科学的协调机制保证彼此之间互相配合，进而确保相关环境元治理的高效率。然而，在现有环境治理权法律框架下，却出现了较为明显的职责分工不清的问题，从而严重影响了环境治理元组织自身的良好运作，导致政府环境元治理的整体效能降低。

在环境治理中，参与治理的主要利益相关方，除政府外主要包括企业、社会组织和公众等。企业、社会组织和公众分别根据自身的需要对环境进行治理，从而保证整体环境良好，为企业、社会组织和公众进行各种活动提供必要的环境条件和基础。在缺乏政府介入的情况下，环境治理归根结底是利益相关方为了各自目标的实现通过博弈而形成的一种自然性质的过程。由于环境治理主体的多元，导致治理主体利益的多元和相应的主体目标差异。对于企业来说，其参与环境治理的目的在于盈利，因此在治理过程中必然将盈利作为其治理行为的主要目标。对于社会组织和公众来说，不同的个体无论需求还是行为方式均存在不同的特征，因此相应的治理行为也必然烙印上相关用户的个体特征。由于企业、社会组织和公众在治理目标上的差异，以及由此导致相关的自组织治理行为方面的不一致，不仅使最终表现出来的环境治理呈现出复杂的特征，而且还导致不同治理行为间出现冲突的机会大大增加。因此，在不能对这种自组织治理行为的不一致进行有效协调的情况下，环境治理的质量必然得不到有效保障，从而导致环境污染的恶化。近年来强调要加强对环境的治理，即与之前的环境持续恶化直接相关。

在当前情况下，一方面，由于社会协同治理理念的流行，当前中国环境治理一再强调需要充分发挥企业、社会组织和公众环境治理功能的重要性。而与此同时，法律和法规所确定的主要治理主体仍然是相关政府机关。由于法律对企业、社会组织和公众的环境治理权利的范围并没有进行明确的界定，因此所谓的社会协同治理在很大程度上因为缺乏制度性程序的保障而流于形式，并没有实质性地起到对政府主导的环境治理的补充和辅助作用。另一方面，对于负责环境治理的政府机关自身，在分工方面同样缺乏明确的规定。根据当前环保法及相关法律，代表政府行使环境治理权力的有多个部门，但却缺乏具体分工。如根据《环境保护法》的规定，具有环境治理法定职能的政府部门即包括各级人民政府、国家环境行政部门和地方各级环境行政部门、县级以上人民政府有关部门和军队环保部门、县级以上人民政府环境保护主管部门委托的环境监察机构和其他负有环境保护监督管理职责的部门、各级人民政府的农业部门等。①

从表面上来看，相关法律均规定了这些不同的政府部门应当承担的环境治理职责，但事实上却存在相当多的职责重叠部分。如根

---

① 例如，对此《环境保护法》的第八条和第九条规定，由各级人民政府负责环境治理的资金拨付及环保法律和环保知识的宣传工作。第十条规定，由国家环境行政部门和地方各级环境行政部门分别负责全国和本行政区域环保工作的统一监管，县级以上人民政府有关部门和军队环保部门，依法对规定范围内的环保工作负责。第二十四条规定，县级以上人民政府环境保护主管部门及其委托的环境监察机构和其他负有环境保护监督管理职责的部门，有权对排放污染物的企业事业单位和其他生产经营者进行现场检查。第四十九条规定，各级人民政府及其农业等有关部门和机构应当指导农业生产经营者科学种植和养殖，科学合理施用农药、化肥等农业投入品，科学处置农用薄膜、农作物秸秆等农业废弃物，防止农业面源污染。

据《环境保护法》第十条第一款的规定,由各级环境行政部门负责对本行政区的环保工作统一监管。然而,就在同一条第二款中,又规定了县级以上人民政府的有关部门和军队环保部门所具有的环保监管职责。与此同时,根据第九条、第二十四条、第四十九条以及其他条款的规定,各级人民政府及其农业部门,其他负有环境保护监督管理职责的部门均需要承担某些环境治理的职责。除了《环境保护法》之外,其他相关法律也对不同领域的环境治理权力的分工进行了相应的规定,具有环境治理职能的政府部门不仅包括法定的环境行政部门,即国家生态环境部和地方各级环境保护局,还包括其他专业性的部门所设立的环境保护机构。国家生态环境部虽然是名义上的国家最高环保行政机关,但是与其他部委的环境保护机构之间,主要是指导、协调工作的关系,从而在具体环境治理过程中呈现出典型的多头管理的局面。

多头治理的负面效果是显而易见的,一方面,由于不同政府部门利益方面的差异,很容易出现缺乏必要监管的监管漏洞以及争相监管的重复监管情况。无论是监管漏洞还是重复监管情况的出现,都会导致相关治理资源配置的无效率,从而导致环境监管效率不彰。另一方面,由于多头管理,统一被监管的企业往往需要面对各不相同的监管要求。在无法满足所有监管要求的情况下,监管要求的不同往往被相关企业作为不遵守监管规定的借口,从而大大影响政府监管的效率和权威。

因此,在元治理理论观照下,当前元组织体系存在明显的政府部门自身定位不清以及不同政府部门职责分工不清等弊病,从而影响元组织通过元交换确保企业主体的自律管理行为符合环境治理根本目标,以及通过元约束保证不同治理主体之间有效地协调和配合进而实现治理资源有效整合的功能发挥,不利于环境治理政府主导法治化的顺利推进。

4.1.1.2 央地协调机制欠缺

庞大的地理空间、人口规模加大了"委托—代理—管制"形式下政府环境治理整体性目标实现的难度。一个国家的国土面积越大、人口数量越多，其国家治理的规模也就越大。正是由于中国国土面积较广，中央政府无法直接深入到基层实施环境治理工作。在中国环境治理政府主导的"委托—代理—管制"形式下，作为委托方的中央政府所设定的环境治理目标，需要通过"层层发包""逐步分解"的方式下放至作为代理方的基层生态环境主管部门，由其负责具体的环境执法工作。这种任务分解式的环境治理策略加大了环境信息、组织管理、人员流动等方面的交流成本。而由于区域环境资源禀赋、经济发展水平和区域文化水平的差异性，我国的环境治理形式不能够过度强调环境职权的集中化和规范化，中央政府需要赋予地方生态环境主管部门一定程度上的环境行政自由裁量权。如果环境治理与经济、社会、文化等国家治理要素相互冲突，需要进行取舍和衡量之时，地方政府的环境治理目标在自由裁量权范围内往往会偏离国家所设定的既有目标。此时，中央政府有必要通过集权治理的方式——环保督察，重申国家环境治理的任务和目标。那么，在环境治理领域此种"集权—放权"循环模式便会加剧政府组织内部环境治理的规模与负荷。并且，对于受到政府管制的排污企业和个人而言，在环境治权的集中与分散、强化与弱化频繁变动的情况下，个人的自由与企业的经济自由无法在稳定的政策环境之下得到有效保障，这将有可能引发政府环境治理对于社会经济发展的外溢性损害。

例如，大气污染防治领域内，发布重污染空气预警级别意味着政府将对企业和个人进行不同程度的管制，其主要措施有建设工程停工、企业限产停产停业、机动车限行、禁止露天烧烤，等等。那么，由于环境问题与社会经济发展状况的变动，地方经济保护主义或是中央强制要求的地方环保应急反应，均影响着地方环境应急预案对预警级别的修订，预警级别的修订便意味着政府环境治理强度的变更。2016年中央环保督察行动持续推进，地方对重污染天气应急预案中预警级别设定均采取较为严格的态度，诸如"最严停工令"[1]，"限产不打折扣"[2]等字样充斥媒体新闻当中，但随着全国经济形势的下行及环境治理政策的调整，各地政府开始逐渐调整和放松环境应急预案中的预警级别，降低对污染企业和个人的管控强度。2018年《北京市空气重污染应急预案》中，删去了蓝色预警级别，降低了橙色预警的启动条件。[3]"委托—代理—管制"形式下频繁变动的环境治理强度会不断地切割区域经济的常态化发展，进而加重国家环境治理的规模与负担，增加政府环境治理整体性目标实现的难度。

中国环境治理涉及海量的市场主体，广阔的国土面积和无比复杂的具体环境保护问题，通过央地之间的分级管理，能够最为有效地实现集中管理的高效率和因地制宜的灵活性之间的平衡。因此，在环境治理政府主导法治化过程中，作为元组织的政府部门实行央地之间分工治理是必然的选择。然而，即使在同一环境治理机关内

---

[1] 湖北省生态环境厅：《黄石"最严停工令"应对重污染天气》，载湖北省生态环境厅网，http://report.hbepb.gov.cn/xxsb/hs/201712/t20171218_110435.shtml，2021年8月13日访问。

[2] 周雁凌等：《山东停限产不打折扣，逐家督导企业》，载《中国环境报》2016年12月19日。

[3] 《北京市空气重污染应急预案（2018年修订）》，载北京市人民政府网http://www.bjepb.gov.cn/bjhrb/xxgk/jgzn/jgsz/jjgjgszjzz/xcjyc/xwfb/840689/index.html，2021年8月13日访问。

部的不同机构之间，也会因为各自需要面对的具体问题不同而出现涉及的利益方面的差异，进而导致在具体环境治理方案和实施方式方面的差异。在缺乏明确而科学的央地分工和协调的有效机制的情况下，这种政府机构内部治理上的利益差异必然导致当前央地之间在具体治理行为上不时发生的冲突和矛盾。不仅不符合权限法定的法治化基本原则，而且在很大程度上导致具体环境治理过程中央地治理资源的虚耗，增加了环境治理的成本，降低了环境治理的效率。

4.1.1.3 环境元治理内部腐败因素

近些年，中国对各领域的腐败行为采取零容忍的高压态势，努力营造构建"不敢腐、不能腐、不想腐"的体制机制，取得了巨大成效。然而，近期频发的在环境领域的腐败行为再次引发社会关注。如陕西省秦岭北麓西安段圈地建别墅问题、海南省海花岛违规项目问题等。政府主管部门个别负责人及工作人员政绩观扭曲，甚至"靠地敛财""坐地生财""借机发财"。虽事后处罚了相关责任人员，但这些违法违规项目对生态环境和人居环境的损害破坏是难以忽视的。如在海南省个别负责领导的极力推动下，儋州市政府及海洋部门通过"化整为零"的方式，将填海项目拆分成36个面积小于27公顷的子项目瞒天过海，使得不合法的项目得以推进。儋州市虽于2017年8月至2018年6月间，对未批先建等违法行为进行了处罚，却放任企业继续施工，使得违法的项目得以获批，造成大面积珊瑚礁和白蝶贝被永久破坏。① 可见，环境元治理的内部腐败以及畸形政绩观问题，是造成元主体治理框架缺口、治理组织涣散的重要因素之一。

---

① 参见《违规推动海花岛项目的"老虎"张琦：升官后受贿超亿元，儿子出逃成红通》，载上游新闻网，http://www.chinacourt.org/article/detail/2013/02/id/903802.shtml，2022年3月19日访问。

4.1.2 司法与行政权力的重叠

一般来论，代表国家进行环境治理的元组织应当是具有相应行政管理职能的环境行政部门，司法部门作为环境治理过程中可能出现的各种纠纷的终极裁决者，对于环境行政部门的权力正确行使具有相应的支持和保障功能。一方面，司法权力通过对涉及环境行政权力行使的案件进行审理，能够通过司法判决进一步确认正确环境行政行为的法律效力，从而为其提供有效的司法支持。另一方面，司法权力通过相关诉讼可以对环境行政权力可能出现的不当行使行为进行司法审查，并通过司法判决和司法建议等方式对不当行政行为进行有效矫正，从而为行政行为的正确行使提供有效的司法保障。然而，在当前的环境司法与环境行政的关系上，却因为环境公益诉讼的相关法律规定出现了司法权与行政权一定程度重叠的问题，从而不仅可能导致宝贵的司法资源的浪费，而且对行政权力的有效行使产生了一定程度的干扰，不利于环境行政部门充分发挥其作为环境治理元组织的功能。

根据《民事诉讼法》第五十八条和《环境保护法》第五十八条的相关规定，法定国家机关和符合条件的社会组织可以对损害环境公益的行为提起环境公益诉讼。[108] 根据公益诉讼理论，无论是法定的国家机关还是社会组织均可以将认为损害环境公益的行为通过提起公益诉讼的方式，提交有管辖权的人民法院进行审理，法院应对损害环境公益的行为进行相应的司法惩罚。因此，环境治理的公益诉讼事实上是通过司法监督和社会组织监督的方式保护环境进而促进环境治理的重要法律制度设计。例如，2021 年巴彦淖尔市人民检察院依法向巴彦淖尔市人民法院提起的诉赵某某、冯某某等六人污染草原生态环境案件，人民检察院即通过民事公益诉讼的方式，使未受到环境行政部门行政处罚的污染生态环境的违法人员赵某某、冯某某等六人承担了相应的侵权责任，在很大程度上弥补了环境行政机关不作为可能给社会带来的损害。很多学者认为这种公益诉讼的设置在很大程度上促进了通过司法诉讼方式对环境行政部门不作为或者乱作为的有效矫正，却忽略了由此产生的相关司法权力可能与行政权力产生重叠与冲突的问题。事实上，环境公益诉讼的存在，确实能够在一定程度上弥补环境行政部门管理不力而造成的环境治理效能降低问题，如前述案件中通过提起行政公益诉讼对环境行政机关不作为进行矫正。但由于法律明确规定了环境行政部门对不存在直接受害者的损害环境公益的行为进行治理的权力，环境公益诉讼事实上通过司法判决对相关违法损害环境公益的行为进行了治理。而根据《环境保护法》及相关法律的规定，这些行为同时也受相关环境行政部门的管理，司法判决对相关环境公益损害违法行为的处置事实上构成了对环境行政部门的环境治理职权的直接干涉，也导致了司法与行政权力的重叠。比如，在前述案件中，事实上环境行政机关同样能够对相关违法人员进行类似的行政处罚，环境公益诉讼并不是实现对相关违法人员进行制裁的必需措施。另外，假如在前述案件中，环境行政机关同时根据自身法定职责对相关违法人员实施行政处罚，则会导致行政处罚和司法判决的竞合，导致违法人员遭受不必要的双重处罚。正是因为环境公益诉讼中可能出现的这种行政权力和司法权力相重叠现象的存在，如果不能在两者之间形成有效的衔接机制，则可能导致相关环境治理过程中由于事实上的司法和行政的多头管理导致整体治理效能的降低。

之所以会出现环境公益诉讼中司法与行政权力重叠的问题，很大程度上是因为公益诉讼主体多元化的现状。根据《民事诉讼法》和《环境保护法》的相关规定，环境公益诉讼的主体事实上包括两种类型，即法定的国家检察机关、符合条件的社会组织（主要是环保组织）。[109]通过检察机关和环保组织提起环境公益诉讼，即可以将本来属于环境行政部门管理的损害环境公益的违法行为转由司法程序进行处理。也就是说，通过公益诉讼的施行，多元化的公益诉讼主体，包括检察机关、环保组织和法院三方，共同获得了替代法定的环境治理组织即国家环保行政机关对损害环境公益行为进行干预的权力，从而出现了通过公益诉讼行为对环境行政治理行为干预的法定方式，形成司法权力与相关行政权力的直接重叠。

对于环境行政部门来说，由于自身在环境治理能力和手段等诸多方面的有限性，出现不同程度的对损害环境公益的违法行为管理不力或不当的情况不可避免，因此通过公益诉讼对这种管理不力或不当的行政行为进行矫正确实能够起到一定的促进整体环境治理质效的作用。然而，由于《民事诉讼法》和《环境保护法》并没有将相关环境行政部门的治理不力或不当行为作为提起环境公益诉讼的前置条件，学者们普遍称颂的环境公益诉讼制度事实上存在对环境公益行政机关的职权进行不当司法干涉的巨大风险。这种风险的存在不仅可能导致司法诉讼行为和行政处罚行为的重复管辖，造成整体环境治理资源的浪费，而且因为两方的处置措施同时存在，导致对违法行为主体事实上的双重惩罚或者处理方式上的冲突，造成处罚上的不公平或者司法机关和环境行政机关之间不必要的矛盾，进而导致对损害环境公益行为的整体环境治理效能下降，产生公益诉讼带来环境治理功能失范的问题。

另外，环境司法权与行政权行使中出现双轨竞合以及司法越位①、

---

① 在近些年的一些环境公益诉讼中，有的在起诉前行政机关就已经采取相应的环境应急与修复措施，初步控制污染危害，但环境公益诉讼仍然被提起，出现了司法权与行政权竞合的现象。并且，在环境司法专门化背景下，法院的能动司法愈发受到重视，导致司法权在生态环境损害救济方面存在一定的越位趋向。

环境公益诉讼与行政执法程序冲突①等也成为环境诉讼与环境执法呈现矛盾张力的重要因素。

4.2 元交换信息失真导致企业主体法治化的自律治理功能失范

企业主体是政府主导下环境治理的主要市场监管对象。作为元组织的政府部门为了对承担相应环境治理职能的市场经济主体进行有效的元治理,进而使市场经济主体的环境治理行为保持与社会整体环境利益的一致,就必须与作为主要环境污染来源以及承担主要环境治理责任的企业主体进行相应的管理信息交换。这种元治理过程中作为元组织的政府部门与被监管对象之间的信息交换即为元治理过程中的元交换。为了保证元治理的有效性,元交换过程中必须保证将相关政府部门对企业进行监管的目的、标准、程序等方面的与实现整体环保目标相关的信息精确地传递到被监管的企业主体,并将企业主体进行自律管理的情况及时准确地传递到作为监管主体的相关政府部门。在这一过程中,要保证元组织对企业进行元监管的目的顺利实现,即必须保证元交换过程中政府部门和企业主体之间信息传递的及时性和准确性。然而,在当前环境治理政府主导的法治化体系下,却出现了较为明显的元交换过程中信息失真的问题。一方面,当前环境多头治理的现状,导致了因元交换过程混乱而带来的信息失真。根据《环境保护法》及相关法律法规,由于具有法

---

① 由于我国在环境民事公益诉讼制度设计中尚未规定提起环境公益诉讼的前置条件,致使环境民事公益诉讼与环境行政执法程序冲突的事例频繁出现。对此,参见薛艳华:《论环境公益诉讼与环境行政执法的衔接问题研究》,重庆:重庆大学博士后研究工作报告,2021年,第37页。

4 元治理理论观照下中国环境治理政府主导法治化的问题审视

定环境治理职能的不同政府部门对于环境治理监管分工的不同,出现了较为典型的多头治理现象,从而由于不同部门信息传递内容与方式的不同,产生了严重的元交换过程中的信息失真问题。另一方面,缺乏规范的元监管程序导致信息传递内容和过程的随意性,进而产生相应的信息失真。当前《环境保护法》及相关法律虽然规定了不同政府部门的环境元监管职能,但并没有对元监管的具体程序进行详细规定,也造成了由于元监管执行程序的随意性而产生的信息传递失真问题。具体来说,在元治理理论下政府主导的环境治理过程中,由于现有监管机制在元交换过程中存在的多头监管以及执行程序随意的问题,导致政府元治理过程中与企业主体的信息交换失真,从而导致环境治理的国家意志难以完全贯彻到企业主体的治理行为与治理规范之中,使企业主体的环境治理行为不能与国家环境治理目标完全一致,进而对整体环境治理效能产生相应的负面影响。元交换信息失真导致企业作为治理参与人的功能失范问题具体表现为以下两方面。

4.2.1 元交换体系的不统一导致企业责任标准体系混乱

要保证信息在传递过程中不失真,信息传递内容和方式的一致性是前提和基础。在信息传递内容和方式不一致的情况下,必然导致接受信息的主体无所适从,不能对相关信息进行符合事实的解读,进而不可避免地出现信息传递失真的问题。在当前政府主导的环境治理法治化过程中,由于多头治理的事实存在,这种由于信息传递内容和方式的不一致进而导致元交换信息传递失真的状况持续存在,从而出现了元交换体系的不统一导致企业责任标准体系混乱的问题。具体来说,即承担不同环境治理职能的不同系统、不同级别的政府部门各自制定相应的企业环境标准,进而导致相应的企业责任标准体系混乱。

· 133 ·

由于企业存在的目的在于盈利，因此在进行环境治理的过程中必然出现片面重视盈利目标的实现，尤其是注重短期盈利目标实现的不当治理行为。这种以短期盈利为目标的不当治理行为主要表现为企业在自组织治理过程中必然出现的对环境污染行为的放纵。之所以出现这种情况，是因为环境污染行为虽然对整体生态具有破坏作用，从根本上不利于企业的正常发展，但却有利于企业短期效益的增加。在这种情况下，政府部门要通过元治理的方式与企业进行相关环境治理目标的信息元交换，使企业通过元交换获得环境治理目标信息对相应的环境治理行为进行必要的调整，从而使其环境治理行为与整体环境利益相一致。即在元治理过程中，作为元治理主体的环境行政机关必须通过相应的法治化环境规范与企业进行相应的包括治理目标在内的信息元交换，在元交换的过程中使企业明确相关环境治理行为需要遵守的准则，从而保证其治理行为符合环境整体利益的要求。

然而，根据环保法及相关法律的规定，在元交换过程中作为元组织一方的政府相关部门并不是单一的，而是由一系列不同的政府部门承担各不相同的法定环境治理职责。事实上，根据相关法律规定，具有环境治理职能的政府部门不仅包括法定的环境行政部门，即国家生态环境部和地方各级生态环境局，同时也包括其他专业性的部门所设立的环境保护机构。[110]正是由于这种非常复杂的法律分工的存在，导致各级环境行政部门的统一监管的法定职责事实上在很大程度上与其他政府部门的法定监管职能重叠。尤其各级人民政府和各级环境行政部门的分工更是存在非常明显的模糊地带，从而产生作为元组织的政府部门内部环境治理权责分工不明晰的问题。由于当前元组织自身环境职权职责分工不清晰，法定的环境行政部门和其他相关政府部门的环保机构，以及环境行政部门自身的央地关系之中，存在着由于各自利益和行为方式不同而产生的相应治理行为的差异和冲突。这种差异和冲突的存在，导致作为元治理主要对象的企业在接受相关元交换信息的过程中同时接收到各不相同的多个政府部门的治理目标信息。而且由于不同政府部门分工不明晰的原因，甚至可能出现对于同一环境治理问题，同一企业同时接收到不同政府部门的不同指令，从而造成企业在具体执行过程中的无所适从。尤其是在元交换过程中对企业环境治理的自律管理至关重要的相应企业环保责任标准体系，负有类似环境治理监管职责的相关政府部门的要求不一致，必然导致其自律治理行为由于目标不明而难以符合环境治理的整体目标要求，进而严重损害环境治理的具体质效。在这样的情况下，企业为了自身利益的最大化必然会选择最有利于自身利益实现的最低排放标准，从而使相应的企业责任标准体系出现脱离整体环境治理目标的混乱局面，并在一定程度上与环境治理整体目标实现的必要标准相背离，不利于环境整体利益的顺利实现。

4.2.2 元执行机制的随意性使检查监管效率低下

有效的元执行机制是元交换顺利实现的重要保障。规范的元执行机制能够有效保证环境治理过程中信息采集的规范性，进而为元交换过程中信息传递的顺利完成提供可靠的制度性保障。然而，由于当前环境行政部门的元治理行为缺乏必要的程序性制度，从而导致相应的元执行机制的随意性，主要表现为环境监管过程中缺乏规范的环境检查程序，由于环境检查的随意性导致相应的检查监管效率低下，出现元交换过程中政府部门对作为被监管对象的企业的环境治理信息采集不及时甚至失真的现象，对元交换的顺利实现产生严重的负面影响，对政府环境监管的质效也产生直接的负面影响。

在元治理理论下，政府部门要实现法定的元治理目标，必须通过相应的执法手段予以保证。所谓元执行,即相关政府部门为了保证法定职责规定的元治理目标的实现,而依法采取的相应执法行为。在政府部门为了保证元治理目标实现而同元治理对象进行的元交换过程中,政府部门的元执行行为不仅能够通过直接对相关元治理对象的监管将政府部门的意图和目标等价交换要求的信息精准地传递给元治理对象,而且还能够通过对元治理对象相关资料和数据等信息的实地调查与采集直接获取元治理对象的相关信息,并以此作为采取进一步的元执行行为的依据。因此,政府部门以监管为主的元执行行为对于元交换的顺利实现乃至元治理目标的达成具有非常重要的促进和保障作用,是元治理过程中政府部门的主要监管手段。而中国环境治理政府主导的元执行的内容,则主要是作为元组织的相关环境行政机关对企业进行的环境治理监管。为了保证元执行机制的科学性和有效性,有必要通过相应的法治化方式对其进行规范,即构建相应的元执行程序,从而避免由于缺乏必要的约束而导致的不当元执行行为的发生,为环境治理元执行的质效提供可靠的程序性保障。

在当前的环境治理政府主导模式下,政府主要通过对企业的环保责任承担状况进行检查以实现监管目标,因此对企业的检查监管构成元执行机制的核心内容。然而在具体的元执行即政府监管部门对企业进行检查监管的过程中,存在随意性较大的问题,比如地方保护主义、选择性执法等。从元交换的角度,这种随意性较大的元监管检查监督方式,不仅可能因为缺乏科学的规范导致政府部门环保检查获得的监管对象的信息失真,而且由于效率的低下可能导致相关信息的滞后传递,从而使相关政府部门难以通过相应的元执行程序获得进一步行为的精确信息,导致后续的元执行行为效率的降低,从而使其陷入因为缺乏检查程序使得检查过程不科学进而导致元交换信息失真等问题。由于元交换信息失真而导致后续检查过程不科学的恶性循环，对整体环境治理的效能产生严重的负面影响，损害环境公共执法的公信力。

4.3 元约束机制缺乏致使社会组织和公众共同参与的协同治理效能难以发挥

政府主导下的环境治理不仅包括对企业等主体的环境治理的市场主导，而且包括对社会组织和公众等主体的环境治理的社会主导。因此，政府主导并不等于政府单独治理，而是必须在主导的前提和基础上，整合其他治理主体的相关资源，从而有效实现环境治理的根本目标。而这种资源整合的实现，必须在政府主导制定的规则下，使不同治理主体之间的协同配合符合国家治理的整体意志，进而避免因为协调不能而出现的资源配置无效的困境。因此，为了在不同治理主体互相协调的过程中贯彻整体治理目标，并保证通过协调实现不同主体资源的有效整合，有必要由政府部门这一元组织主导，制定不同治理主体之间协调和衔接的相关规则，通过这些规则对不同治理主体之间的协调和衔接进行有效约束。由于规则对不同治理主体的约束力来自作为元组织的相关政府部门，通过相关规则的约束保证元治理目标的实现，因此，在元治理的语境下将这种规则的约束称为元约束。通过对元治理理论产生的原因进行分析可以发现，之所以需要政府部门对相关环境治理主体进行必要的元治理，正是因为不同治理主体在缺乏外在的强制性权威管理的情况下，由于各自的利益差异，彼此很难达成共识进而实现有效协调和配合，从而导致相关治理资源配置的无效率。而政府部门作为外在强制性权威而介入,则能够直接通过法律规则的形式将国家整体利益作为多元治理主体必须遵守的共识,从而有效解决多元治理主体利益差异导致的资源配置的无效率。也就是说,元治理中政府部门的主要目的之一,即在于将代表国家和社会整体利益的规则作为协调不同治理主体之间关系的基础,通过相关规则的元约束使其以社会整体利益为共识,从而保证不同治理主体之间协调和配合的顺利进行,以实现相关治理资源的有效配置。因此,元约束作为元治理理论下政府主导环境治理法治化的主要手段,能够有力保证和提高环境治理质效。然而,当前以《环境保护法》法为主的环境治理法律体系中,虽然对不同治理主体的法定治理职责进行了相应的分工,但是没有对不同治理主体间的互相协调和衔接进行必要的进一步的规定。从元治理的角度观察,即现有环境治理中政府主导法治化过程中并没有设定不同治理主体之间协调配合的元约束制度机制。由于当前中国共产党领导下的中国政府对不同治理主体之间的协同配合缺乏必要的元约束,导致其很难有效整合其他主体资源,进而实现治理效率的最大化。[111]

4.3.1 社会组织与公众共同参与欠缺下的公共治理效果不彰

根据公共治理理论,社会组织与公众之所以需要参与社会治理,主要原因在于政府治理能力的有限性,以及在治理行为中充分体现社会组织和公众利益的必要性。因此,通过社会组织和公众参与公共治理,不仅能够有效弥补政府治理能力不足的缺陷,而且还能够使相关治理行为得到社会公众的普遍接受,从而有效整合各方面的社会治理资源,实现社会治理资源的有效配置。然而,在公共治理过程中,由于不同主体之间,包括不同的社会组织和公众之间,必然会因为各自利益和价值取向的差异而产生相应的矛盾与冲突,要消解这种矛盾与冲突,即需要拥有差异化的利益和价值取向的多元化主体之间能够形成有效的行为协调机制。然而，由于平等主体利益差异化和价值取向的多元化，这种有效的行为协调机制很难顺利形成，从而有必要通过元治理的方式，由政府部门作为元组织为多元化利益相关方制定均应当遵守的协调规范，从而推动公共治理目标的顺利达成。因此，政府主导公共治理过程是保证公共治理质效的重要因素。

然而，政府主导下的公共治理，虽然可以通过元约束即法律的强制性将相关元治理规范贯穿到公共治理的过程中，但是由于政府主导下政府行使元治理权力的关键意义，必须通过相应的机制保证政府主导的元治理行为的正确性。对于现代社会来说，为了防止政府权力的滥用，主要通过政府内部和外部两方面的制度设计进行双重保障。对于政府内部来说，相关制度一是分权制衡制度，二是内部监督制度，如通过行政诉讼对行政权力的行使进行司法监督，各级人大行使法定的监督权，监察机关行使监察权，检察机关行使法律监督权等。而针对政府外部来讲，则主要通过决策民主化和社会监督两个方面的制度设计。决策民主化意味着政府主导下的公共治理行为必须充分考虑利害相关方的意见，而社会组织与公众对政府主导下的环境治理的参与则是环境治理决策民主化的必然要求。而社会监督，则主要包括媒体监督和公众监督，媒体是社会组织的一部分，在政府主导的环境治理中通过社会组织和公众的监督保证环境治理行为的正确性，同样是公共治理理论下政府主导的环境治理法治化的应有之义。因此，通过相关制度保障社会组织和公众参与政府主导下的环境治理法治化进程，对于环境治理整体质效的提高有着非常重要的促进和保障意义。

然而，在当前中国环境治理政府主导法治化进程中，社会组织和公众参与受到了极大的限制，从而对环境公共治理效果产生了负面影响。事实上，当前宪法和法律虽然通过相关条款规定了公民对国家权力行使广泛的监督和参与权利，从而使社会组织和公众参与环境治理政府主导法治化进程具有了必要的宪法和法律依据。但这些法律规定多数停留在权利宣示的程度，并没有必要的细则性和程序性的配套制度使其能够从法定权利转化成实践中的实在权利，导致社会组织和公众参与环境治理政府主导法治化进程的可能性被极大地缩减，在实践中的参与程度非常低。从元治理理论的角度看，当前社会组织和公众的参与欠缺主要原因在于中国环境治理政府主导法治化进程中元约束规范的缺乏。

4.3.2 社会组织与公众共同参与监督欠缺下的治理权力滥用

环境治理行政权力同所有其他权力类似，在行使的过程中有着天然扩张的冲动，在这种冲动得不到有效监督和制约的情况下，则必然会出现相应的权力滥用。从理论上讲，由于宪法和法律赋予了社会组织和公众对于环境治理权力广泛的监督和参与权利，而这些权利的充分行使则能对可能出现的环境治理权力滥用形成有效的监督和制约，因此能够在很大程度上防止环境治理权力滥用现象的发生。然而，由于对于相应的宪法和法律赋予的监督和参与权利缺乏必要的程序性和细则性的制度保障，导致前述的社会组织与公众参与环境治理的普遍欠缺。

正是因为社会组织与公众参与环境治理的欠缺，使通过社会监督保证相关政府部门环境治理权力正确行使的功能难以真正实现，从而在一定程度上导致了相关政府部门在环境治理过程中的权力滥用问题。而权力滥用之所以会对社会产生严重的危害，是因为这种权力已经不再以国家和人民的根本利益为依归，而是以行使相关权力的行政部门本身的利益甚至是以掌握相关权力的个人的意志为依据，从而必然导致权力滥用下的环境治理行为与国家和人民利益最大程度实现的环境治理目标相背离,进而从根本上损害环境治理的整体质效。因此,由于当前环境治理整体上采取的是政府主导的法治化策略,政府部门对环境治理权力的滥用必然对环境治理的实际质效产生根本性的破坏,进而对环境治理整体目标的实现产生严重的负面影响。

4.3.3 社会组织与公众无法参与和监督企业主体的环境治理

与政府行政权力得不到有效制约和监督时经常会出现权力滥用的情况类似,企业主体在履行环境治理责任的过程中,如果得不到有效制约和监督,同样会出现相关治理行为以企业自身利益最大化为依归,从而背离国家和人民的环境利益,最终企业主体环境治理行为与环境治理整体目标相背离的情况。为了防止企业环境治理行为可能出现的这种背离,政府监管和社会组织与公众监督企业主体的环境治理行为是两种有效的监督机制。然而,在具体实践过程中,虽然政府因为国家资源的支持能够在一定程度上发挥对企业环境治理行为的监管作用,但相关制度和资源支持的缺位,导致社会组织与公众对企业主体环境治理行为参与和监督行为与功能的缺位。从理论上来讲,如果政府对企业主体环境治理的行政监管能够充分发挥作用,即使社会组织与公众的参与和监督缺位,也不会导致企业环境治理行为的失范。然而,因为政府监管资源的有限性,实现对企业主体环境治理行为的完美监管事实上不可能,从而在很大程度上需要社会组织与公众的监督发挥对政府监管的配合和补充作用,以有效弥补因为政府资源的有限可能导致的监管漏洞。在当前情况下,由于社会组织与公众实际上难以参与和监督,这种对于政府监管应该产生的配合和补充作用不能有效实现,从而导致对企业可能出现的不当环境治理行为不能有效预防、及时发现和矫正的制度性缺陷。

在公共治理理论下，企业主体的环境治理行为产生的后果不仅会影响企业自身，而且有着非常强的外溢效应，对所有与环境保护相关的利益主体都会产生影响。尤其对于直接承受环境污染后果的普通公众来说，企业主体的环境治理行为的好坏与其自身利益密切相关。然而，在缺乏社会组织与公众参与的情况下，虽然有着国家环保法律的硬性约束，但由于相关法律规定必然存在的模糊性，从而使企业通过自律管理进行的环境治理行为拥有了一定的自由选择权。因此，要保证企业在自律管理过程中的环境治理行为的自由选择符合社会整体利益实现的要求，就必须将其他环境治理的利害相关者引入企业主体的环境治理行为选择之中。由于代表国家利益的相关政府部门主要通过相关法律规定对企业主体自律管理的环境治理行为进行干预，从而难以进一步介入企业在法律框架允许的范围内所进行的治理行为选择。于是通过社会组织与公众这样的非政府部门的利害相关者对企业主体环境治理行为的参与和监督，保证和促进企业自律管理范畴内的环境治理行为符合整体环境治理目标。与参与和监督政府环境治理权力行使行为类似，社会组织和公众参与企业环境治理行为，同样能够起到促进企业自律管理、民主决策，提升相关治理行为的科学性，以及防止企业滥用自律管理权利，保证企业主体相关治理行为与整体环境治理目标相符合等方面的作用。因此，在包括环境治理的现代企业自律管理的过程中，通过社会组织和公众参与和监督企业治理行为，是现代企业管理制度发展的重要方向。

5 元治理理论观照下中国环境治理政府主导法治化的完善维度

前已述及,以元治理理论来观察与审视中国环境治理中政府主导法治化的运行现状,其中,元组织治理职责不清而导致监管效率低下、元交换信息失真而导致企业自律治理失范、元约束缺乏不同主体间的协调和配合是目前存在的突出问题。从宏观的角度来讲,上述问题存在的根本原因在于中国环境治理法治化进程与环境治理的客观需要之间存在一定的矛盾,即随着中国社会的发展,单纯强调社会协同的环境治理模式已经不能满足当前环境治理最大限度实现广大人民环境利益的要求,从而提出了以最能代表人民利益的政府作为环境治理主导者的法治化要求。但环境治理法治化进程无论在制度建设还是法律实施等方面均没有完成从强调社会协同向政府主导的环境治理模式的转型，从而导致法治化转型过程中产生一系列问题。对此，基于环境治理的"政府为主导、企业为主体、社会组织和公众共同参与"原则要求，按照元治理理论的结构构造，可以从环境治理中政府主导法治化视野界定环境行政部门环境治理权力的元组织职责分工体制，构建统一高效的对企业进行监管的元交换制度体系和创设社会组织和公众参与的元约束机制三个维度进行系统性的优化与构建。

5.1 界定政府主导下环境行政部门环境治理权力法治化的元组织职责分工体制

当前，以《宪法》和《环境保护法》为核心确立的政府主导的法律制度体系以及以政府监管为中心的环境治理法治化实践体系，在很大程度上保证了对人民利益实现至关重要的生态环境的持续改善以及人民环境权的充分实现。然而，从环境治理质效最大化的角度，以元治理理论为观照，可以发现当前中国环境政府主导的法治化存在缺乏元组织的代表部门和职责分工不清等问题。从根本上讲，原因是受到强调环境协同治理模式的传统观念影响，对政府作为元组织主导环境治理法治化进程的认识不足，进而导致相关政府部门分工不清，元组织治理框架涣散[1]和司法与行政权力重

---

[1] 从根本上来讲，造成元组织治理框架涣散的原因是传统上按照不同领域进行分工的模式和层级管理制度。一方面，在专门的环境行政部门产生以前，政府内部已经就需要政府管理的不同领域进行了横向分工，这种分工主要是按照传统产业部门或者职能部门的标准进行，如农业部、信息产业部等，但由于环境污染的产生以及治理并不是某一个传统产业部门或者职能部门的法定职责能够涵盖的，而是

叠等弊端。①因此，有必要以元治理理论及元治理理论下协同治理理论为理论基础，在坚持问题导向的研究思路前提下，构建环境治理主体回应型环境法治化机制，即以充分发挥多元化治理主体的环境治理能力为目的，以相关环境法律法规体系的完善为基础，实现元组织内部分工的科学化。

5.1.1 确立以环境行政部门为政府主导核心的元组织治理框架

确立以环境行政部门为政府主导这一核心的元组织治理框架，

（接上注）
很多部门均涉及相应的环境治理管理问题，从而导致不同的传统产业部门或者职能部门均设置有相应的环境治理机构。虽然2018年成立的生态环境部在一定程度上整合了之前由七个不同部门承担的环境治理职能，但在一些传统部门中仍然保留着相应的环境治理职能，从而导致环境治理分工呈现出典型的多元治理主体的状况。另一方面，传统的政府内部管理一般实行典型的层级管理模式，即只有更高一级的上级部门才能对下一级部门发出相应的指令。在层级管理模式的制约下，由于环境治理政府内部分工的过程中将各不相同的职责赋予了多元化的政府部门，而这些部门互相之间又互不统属，即使《环境保护法》第十条第一款明确规定具有统一监管全国环境保护工作的国家环境行政部门，因为其在行政层级上同其他承担一定环保法定治理职责的政府部门级别持平，因此事实上并不能根据《环境保护法》第十条第一款规定的统一监管环保工作的权力行使对其他承担环境治理责任的部门环境监管工作的统筹协调权力。

① 环境公益诉讼中司法与行政权力重叠，很大程度上是因为公益诉讼主体的多元化。根据《民事诉讼法》和《环境保护法》的相关规定，环境公益诉讼的主体事实上包括法定的国家检察机关和符合条件的社会组织（主要是环保组织）。事实上，由于在环境治理能力和手段等诸多方面的有限性，出现对损害环境公益的违法行为管理不力或不当的情况不可避免，因此通过公益诉讼对管理不力的情况或不当的行政行为进行矫正确实能够起到一定的促进整体环境治理质效的作用。然而，由于当前包括《民事诉讼法》和《环境保护法》在内的相关规定并没有将相关环境行政部门的治理不力或不当行为的存在作为提起环境公益诉讼的前置条件，当前学者们普遍称颂的环境公益诉讼制度事实上存在对环境公益行政机关的职权进行不当司法干涉的巨大风险，其不仅可能导致司法诉讼行为和行政处罚行为之间的重叠，造成整体环境治理资源的浪费，而且可能因为两者处置措施的同时存在导致对违法行为主体事实上的双重惩罚或者处理方式上的冲突，造成相关处罚事实上的不公平或者司法机关和环境行政机关之间不必要的矛盾，进而导致对损害环境公益行为整体环境治理效能的下降，产生公益诉讼促进环境治理功能失范的问题。

其前提是需要明确国家机关职权配置问题上是坚持环境行政的优先地位，即在环境法领域，国家环境义务的履行主体应当主要指立法机关、行政机关和司法机关，上述国家机关应当在各自的职权范围内履行国家环境保护基本义务，将其体现到立法、司法和执法工作中。但不同国家机关之间由于职责分工不同，其环境法律责任也具有差异性，从而也可能导致环境保护的国家义务的冲突。对此，各权力机关应当在行使各自的权力时，相互尊重、相互合作。为有效避免环境行政与环境司法的行权碰撞，有必要在环境行政与环境司法之间划定相对明确的界限，创设必要的实体性权责安排与程序性衔接机制，但在构建各项制度时应坚持环境行政的优先地位以及环境司法的后续保障性功能。[112]

事实上，元治理的主体是代表国家对环境自组织进行更高层次治理的主体，也就是进行元治理的元组织。对于当前中国环境治理政府主导法治化过程中元治理理论的运用来说，由于不同的环境治理主体之间存在利益和价值取向等方面的差异，在缺乏政府作为元组织进行有效的外在干预的情况下，彼此之间必然存在环境治理行为的矛盾和冲突，进而出现环境治理整体效果不彰，生态环境持续恶化的不利局面。因此，有必要通过政府主导的元治理方式，保证多元化治理主体环境治理行为的有效协调和配合，从而实现社会环境治理资源的有效整合，最大程度实现整体环境治理目标。然而，在当前中国环境治理法治化现状中，虽然相关法律明确了政府主导的元组织地位，但是将环境治理的国家权力分别规定由多个不同的政府部门行使，从而出现了典型的多头治理，不利于政府监管的元治理目标充分实现的困境。因此，有必要通过确立环境行政部门的元组织地位并形成由其主导的元组织治理框架，以有效克服当前存在的影响政府监管效能的多头治理问题，从而确保政府监管的环境治理质量和效率，进而形成良好的元组织治理秩序的前提和基础。

5.1.1.1 环境行政部门为核心的元组织治理框架的必要性与可行性

为了充分发挥元组织的元治理功能，必须保证元组织在行为选择上以国家和人民的根本利益为方向。因此，在元组织具体的行为选择过程中，必须存在一个能够最为有效地代表国家和人民根本利益的政府部门作为元组织的代表，这一政府部门不仅具有相关行政领域元治理的最高权力，而且在不同行政部门的相关治理行为发生矛盾和冲突时拥有必要的协调和裁决的权力，进而保证需要多部门配合的元组织统一在以这一政府部门为核心的组织框架之下，通过统一元组织的意志实现行政治理资源的有效配置，保证国家和人民的根本利益在元治理过程中得以顺利实现。

首先，对于必要性，从元治理理论的角度来看，虽然当前中国环境治理由政府主导，但实际上存在的具有相应环境治理功能的主体由企业、社会组织和公众构成，已经具有典型的多元复杂治理的性质。为了克服多元治理主体间缺乏有效的统一协商框架而导致的治理秩序混乱，有必要通过国家对环境自组织治理的进一步宏观管理，即元治理的形式予以有效克服。事实上，为了充分体现元治理过程中的政府主导功能，在环保基本法《环境保护法》及其他相关法律中，通过赋予不同政府部门对环境治理范围广泛的监管职能，保证了相关政府部门通过以政府监管为主的元治理的方式实现对环境治理多元主体资源的有效整合。然而，《环境保护法》第十条第一款虽然在名义上确立了各级环境行政部门对于环境治理统筹管理的关键地位，但第二款却同时规定了各级人民政府以及军队环境管理部门所具有的环境治理监管权力。与此同时，在《环境保护法》以及其他法律中,还同时规定了一系列其他的具有环境治理监管职能的相关政府部门。事实上,具有环境治理职能的政府部门不仅包括法定的环境行政部门,即国家生态环境部和地方各级生态环境局,而且包括其他专业性的部门所设立的环境保护机构。这种典型的多头治理局面的形成,再加上对不同政府部门相关职责分工规定的模糊性,造成了环境治理的重复治理或者治理漏洞等问题,大大削弱了环境治理政府监管的质效。因此,为了在相关政府部门环境治理的过程中有效整合不同环境治理政府职能部门的监管资源,防止重复治理或者治理漏洞等无效率的监管缺陷,乃至不同政府职能部门环境治理过程中不必要的矛盾的发生,有必要确立能够对所有具有环境治理职能的政府部门进行实质性统筹和协调的代表性元组织,通过赋予法定的统筹和协调权力,明确不同政府职能部门的分工,并在此基础上实现环境治理政府监管资源的有效整合。由于各级环境行政部门已经由《环境保护法》第十条第一款赋予了名义上的统一监督管理所在行政区划内的环境保护工作的权力,而且各级环境行政部门在实质上承担了主要的环境治理监管职责,要确立能够对所有具有环境治理职能的政府部门进行实质性统筹和协调的代表性元组织,各级环境行政部门是最优的也是唯一的选择。因此,在当前中国环境治理政府主导法治化出现典型的不同相关政府部门职责分工不明的情况下,为了有效整合政府相关部门的环境治理资源,有必要确立以环境行政部门为核心的元组织治理框架,通过环境行政部门对环境治理权力行使的统筹协调,确保多元化的环境治理政府主体职责分工的明确,促进环境治理政府监管质效的最优化。

其次,在可行性方面,虽然当前各级环境行政部门并没有事实上的对具有环境治理职责的不同政府部门的相关工作进行统筹和协调的权力,但人们对于急需确立环境治理元组织核心部门的意识正在不断增强，并且相关法律最新修订时进一步增强了环境行政部门的协调权力，建立以环境行政部门为核心的元组织治理框架已经具有了一定的法律和实践上的基础。一方面，根据《环境保护法》第十条第一款的规定，各级环境行政部门具有统一监督管理所在行政区划内的环境保护工作的权力，其他相关部门在法律和法规规定的范围内行使相应的环境治理职责。这种统一监督管理的权力应当包含对不同政府部门环境治理监管工作的统筹和协调的权力。另一方面，从实践的角度，由于环境行政部门在环境监管方面事实上承担着政府监管的绝大部分工作，在此基础上进一步扩大其工作范围，将统筹和协调不同政府部门的环境治理监管行为纳入环境行政部门的职责范围之内，并不会对环境行政部门现有工作造成较大的冲击和困扰。因此，从权力分工的角度，以环境行政部门作为国家对环境保护进行元治理的元组织主体，并形成以其为核心的元组织治理框架的可行性是毋庸置疑的。只有在环境行政部门的统一协调和宏观管理所形成的有效元治理下，具有法定环境治理职能的不同治理主体间的利益差异才能在统一的国家意志的基础上得到有效的协调，进而实现对不同治理主体资源进行有效整合，遏制环境治理过程由于治理主体利益差异导致的秩序混乱，为环境的正常稳定发展提供可靠的元组织保障。

5.1.1.2 环境行政部门作为元组织对环境治理所承担的特定功能

在元治理理论下，环境行政部门作为元组织对于环境治理的作用，特别是基层政府的环境治理实践是始终嵌入国家与社会的互动情势之中，主要体现为环境行政部门作为代表国家意志的政府代表，对已有的环境治理资源进行有效整合，进而有效提升整体环境治理效能。[113]具体来说，环境行政部门在承担了作为元组织对环境进行元治理的职责之后，主要应当承担三方面的功能。

首先，整合已有环境治理资源的功能。之所以需要确定环境行政部门作为环境治理核心元组织，归根结底即为确保相关环境治理行为对国家和人民根本利益最大程度的实现，亦即保证相应的环境治理行为具有最大程度的社会效应，能够对相关环境治理资源进行有效配置。对于具体的环境治理来说，这种环境治理资源的有效配置在很大程度上即表现为作为环境治理核心元组织的环境行政部门对于相关环境治理资源的有效整合。具体来讲，环境行政部门对于已有环境治理资源的有效整合主要包括政府内部整合和外部整合两部分。一方面，由于当前环境治理权力设置为多个政府部门共同分工的模式，为了解决由此可能出现的多头治理进而导致环境治理质效降低的问题，环境行政部门应当承担对所有环境治理权力行使行为进行统筹和协调的功能，即明确承担相关环境治理职能的不同政府部门的分工职责，并解决彼此之间存在的矛盾以及要求相关政府部门贯彻执行整体环境治理规划。这也就是说，虽然在环境行政部门之外存在多元化的环境治理政府部门主体，但所有主体均必须遵从法律赋予环境行政部门的对环境治理工作进行统筹安排和协调的权力，从而使所有承担环境治理职责的政府部门权力行使行为在环境行政部门的统筹协调之下互相配合，打破传统的层级分工的界限，实现政府内部环境治理资源的有效整合，最大限度发挥环境行政部门进行元治理的元组织功能，提升环境治理政府监管的整体质效。另一方面，中国环境治理政府主导法治化的过程涉及除政府部门外的多元化治理主体，尤其是企业主体和社会组织与公众主体，他们更是在现代社会的环境治理体系中有着举足轻重、不可或缺的重要地位。因此，在环境治理法治化过程中，相关治理主体呈现出典型的多元化状态，政府、企业、社会组织和公众均承担了相应的环境治理职能。然而，在缺乏政府干预的情况下，企业与社会组织和公众这两类主体在具体的环境治理行为选择方面有着明显的利益和价值取向上的差异。对于企业来说，其存在的根本目的是创造更多的利润，因此在环境治理行为选择过程中倾向以自身利润最大化为价值取向，而实现对社会有利的环境治理目标在很大程度上会因为相关治理成本的增加而减少企业的利润，因此企业会倾向于减少相应的环境治理行为。对于社会组织和公众来说，由于环境治理直接关系到其生存和发展所赖以维持的生态环境的质量，因此在环境治理行为选择上同样会从自身利益出发，选择最有利于生存和发展的改善生态环境质量的环境治理方案。因此，在缺乏外在干预的情况下，环境治理的两大基本主体，企业与社会组织和公众两方必然因为各自的利益追求和价值取向的不同而在具体的环境治理行为选择方面产生相应的冲突和矛盾，从而导致两者所拥有的环境治理资源难以得到有效整合，不利于整体环境治理目标的实现。在这样的情况下，作为元组织的环境行政部门应充分发挥其应有的元治理功能，通过相关环境监管行为有效协调环境治理中企业与社会组织和公众两大主体的治理行为，使其能够以实现良好生态秩序为目标进行相应的治理行为，而不会因为治理目标的差异而产生治理行为的冲突导致治理秩序的混乱，从而有效实现政府外部环境治理资源的有效整合。

其次，对环境治理多元主体的治理行为进行外在监管。环境行政部门在对相关环境治理资源进行有效整合的同时，为了保证不同环境治理主体相关环境治理行为的有效性，还需要代表国家和人民的整体环境利益对其进行相应的外部监管，从而保证不同环境治理主体的治理行为能够同国家整体环境治理目标保持一致，最大程度实现国家环境治理目标所代表的国家和人民的根本利益。展开来论，作为核心元组织的环境行政部门对环境治理多元主体的治理行为进行外在监管，即通过对企业、社会组织和公众所作出的环境治理行为进行有效规范，防止其出现与良好生态秩序目标相悖的不当治理行为。之所以需要对环境治理多元主体的治理行为进行外在监管，根本原因同样在于不同治理主体在环境治理相关的利益和价值取向上同国家环境治理的整体目标存在较大的差异。尤其对于企业主体的监管，更是环境治理过程中环境行政部门监管工作的重中之重。企业主体不仅是现代社会主要的环境污染来源，而且是直接承担环境治理责任的关键主体。由于环境治理行为必然产生相应的治理成本，因此企业自发的环境治理行为动机很可能是保证企业利润最大化，维持最低限度的生态环境。然而，维持企业利润最大化的最低限度的生态环境保护并不是最适合人民生存和发展的良好生态环境，企业主体实行的这种以利润最大化为目的最低限度的环境治理行为，必然造成大量的环境污染外溢，从而导致人民赖以生存和发展的生态环境日益恶化，对社会和国民经济的可持续发展产生严重的危害。因此，环境行政部门必须对企业主体这种不符合国家整体利益和人民根本利益的环境治理行为进行有效监管，通过相关环保法律规定企业应当遵守的环境治理自律管理义务，确保企业的环境治理行为能够符合维持良好生态环境必需的程度。另外，对于社会组织和公众来说，虽然从总体上其对于环境治理的目标和价值取向同环境行政部门代表的国家意志相一致，但是对于具体的社会组织和公众个体来说，其对于具体的生态环境所具有的利益可能千差万别，甚至有少数社会组织和公众个体为了自身利益最大化，在自私的利益驱动下，做出各种破坏生态以实现自身利益的行为。如民间经常出现的某些个体使用毒药在河流中捕鱼获利的事件，即为了一己私利损害整体生态环境的典型公众个体行为。针对少数社会组织和公众个体的此类破坏生态环境的行为,环境行政部门同样需要对其进行相应的行政监管,通过在社会组织和公众中宣传环保法律和相关知识以及对破坏环境的个体进行行政处罚的方式,对破坏环境的行为进行有效矫正,使其具体的环境治理行为能够有效符合整体环境治理目标。

最后,协调和裁判功能。与环境行政部门所具有的整合政府内外部环境治理资源的功能相适应,其还应当具有解决不同主体治理过程中产生的各种矛盾,防止因为内耗而导致环境治理整体效能降低的协调和裁判功能。进一步来讲,包括环境行政部门、企业主体、社会组织和公众等环境治理的相关主体在内的不同类型的主体,乃至相同类型的不同主体存在的目的和职能具有一定的差异,从而必然导致在具体环境治理行为方面的差异。在不同的环境治理主体之间缺乏必要的配合和协调机制的情况下,必然会因为彼此在环境治理目标及与其相关的行为方面的差异而产生各种形式的冲突。假如这些冲突得不到有效而及时的解决,必然会在一定程度上降低环境治理的整体效能,不利于环境治理整体目标的实现。因此,在不同主体之间建立有效的环境治理协调和纠纷裁判机制,是保证环境治理法治化过程中相关环境治理目标顺利实现的必要保障手段。由于环境行政部门所具有的核心元组织功能以及其自身代表国家和人民根本利益的国家机关性质,由其承担不同环境治理主体之间行为协调和纠纷裁判的职能,能够最为有效地保证国家环境治理目标在不同主体行为中得到贯彻,保证相关纠纷能够以符合环境治理效能最大化的方式得到合理解决。具体来说,环境行政部门所具有的对于不同环境治理主体的协调和裁判功能主要包括以下两方面。一方面,对不同政府监管主体之间的矛盾和纠纷进行协调和裁判。由于法律规定对于相关环境治理职能分工表述必然存在的抽象性和模糊性,承担不同环境治理职能的政府部门在具体行使环境治理权力的过程中，必然会出现因为对相关分工的不同理解而导致的矛盾和冲突，这些矛盾和冲突如果得不到有效解决，不仅会形成不同政府部门治理资源的内耗，而且他们可能会对被治理对象发出自相矛盾的指令，进而导致整体环境治理秩序的混乱和效能的降低。因此，有必要通过承担环境治理统筹和协调功能的环境行政部门对这些矛盾和冲突进行相应的协调和裁判，通过进一步明晰具体监管过程中不同政府部门的职责分工以及解决部门间存在的相关纠纷，保证政府监管工作的良好秩序。另一方面，对企业、社会组织和公众之间的矛盾和纠纷进行协调和裁判。企业主体与社会组织和公众主体之间由于在环境治理相关的利益目标上的差异，不可避免地在具体的环境治理行为中出现与此相关的各种矛盾和纠纷。通过环境行政部门对这些主体之间的矛盾和纠纷进行协调和裁决，可有效避免由此导致的环境治理质效的降低以及对良好生态秩序的破坏。

5.1.1.3 环境行政部门作为元组织的职责设置

根据元治理理论，环境行政部门应当作为国家的代表对环境治理进行更高层次的元治理，也就是在法律规定的基础上通过对以企业为主的多元环境治理主体进行环境治理监管，在保证相关主体的环境治理行为符合国家意志所代表的整体环境治理目标的基础上，为多元环境治理主体构建统一的协商框架，保证在充分考虑各方利益基础上实现良好的环境秩序，为人民的环境权利充分实现，以及生态环境本身的持续改善提供可靠的元组织保障。因此，在相关法律规定的基础上，环境行政部门作为元组织的职责应当与其对环境治理的功能相一致，具备相应的资源整合、外在监管以及协调和裁判的功能。环境行政部门作为元组织在职责设置上应当包含以下主要内容。

首先,负责环境污染监测。环境污染监测是环境治理运作的基础,也是政府整合内外多元化环境治理主体掌握的环境治理资源的主要措施。环境行政部门应当充分利用政府内部相关部门的元组织治理资源,并有效整合作为环境治理主体的企业、社会组织和公众的治理资源,对环境污染进行全方位的精准监测,从而通过对环境数据变动的及时掌握,有效提升相应的环境治理决策行为的科学性和合理性,并对发现的环境异常问题及时处理以防止更大的环境损害的发生。一是环境行政部门应当充分整合政府内部的环境监测资源,充分利用具有法定环境治理职责的政府部门的环境监测资源,将其与自身所具有的环境监测资源相整合,构建覆盖全国主要地域和所有产业部门的国家直接控制的全天候环境监测体系。二是由于国家环境监测能力的有限性,还必须充分利用企业主体的环境监测能力,亦即充分利用相应的企业主体在自律管理过程中采集的环境监测数据,作为国家直接控制的环境监测体系的重要补充。三是需要充分利用社会组织和公众的环境监测的力量。虽然社会组织和公众一般不具备专业的环境监测能力及相关的设备,但由于其分布的广泛性以及生态环境变动对其切身利益的影响,社会组织和公众在发现相应的生态环境异常后可以及时向环境行政部门反映,并由环境行政部门核实并采集相关数据,这是环境污染监测的重要辅助手段。为了保证上述环境监测职能的顺利实现,还应当制定相应的环境监测程序,包括以下主要内容。

第一,建立统一的国家环境监测平台。为了充分保证环境污染监测职能的实现,环境行政部门应当牵头,组织国家级环境监测网络平台,包括环境行政部门在内的所有政府部门采集到的相应的环境监测数据均应当直接通过这一监测网络平台进行采集和处理,并由环境行政部门负责其日常运作与维护。一旦发现异常数据即启动相应的异常处理机制对相关问题进行排查和处理。第二，建立企业监测数据联网和定期上报制度。对于一些至关重要的环境监测数据，要求相关企业直接与环境行政部门联网，直接将采集到的数据及时传递到环境行政部门的相关数据终端。对于次一级的企业采集的环境监测数据，为了尽可能减轻相关数据处理终端以及必要的联网设备的负担，可以由企业定期向环境行政部门上报。第三，建立相应的环境异常举报和奖励制度。为了尽可能利用社会组织和公众的力量，补充政府和企业环境监测能力可能的不足，应当建立环境异常举报和奖励制度，鼓励社会组织和公众对发现的环境异常进行举报，并设置专门的及时处理和反馈举报机制。对于经核实确实属于环境行政部门没有通过监测系统掌握到的环境异常情况，立即启动相应的异常问题处理程序，并应当对举报的群众进行一定额度的经济和精神奖励，以形成人人关心环境治理的良好氛围。

其次，负责环境主体治理行为的监管。根据现有《环境保护法》第十条第一款的规定，环境行政部门对所在行政区划的环境治理工作拥有统一监管的权力。也就是说，对环境治理主体治理行为进行法律所规定的符合环境治理目标的监管是环境行政部门作为元组织履行元治理职能的主要内容之一。为了实现对相关环境治理工作的统一监管，应当在相关法律中规定环境行政部门具有的以下监管权力：其一，明确具有法定环境监管职责的不同政府部门的具体监管分工。虽然《环境保护法》及相关法律对具体的分工进行了相应的规定，但因为法律的模糊性和抽象性，在实践中出现具体的环境监管职责分工不明的情况时，应由环境行政部门负责进一步明确具体的监管分工，从而防止因为多头治理产生不必要的政府内部不同部门的矛盾和冲突，进而影响整体监管质效。其二，应当为企业主体制定科学统一的环境治理标准，具体的环境监管工作可以按照《环境保护法》及相关法律的规定由法定的政府部门具体进行，但监管的环境治理标准必须统一由环境行政部门制定，并以此作为对企业环境治理自律管理行为进行环境监管的依据，防止因为不同政府部门的环境标准不同而导致企业无所适从，进而影响整体的环境监管质效。其三，应当为社会组织和公众设置制度化的参与政府监管的渠道。社会组织和公众参与政府监管，可以促进相关监管决策的民主化，并充分反映社会组织和公众代表的人民利益，提升相关监管行为的科学性。因此，由于环境行政执法是生态环境治理的核心内容，环境行政部门的环境监管职责设置中，应当规定在具体环境执法中尽可能通过联合执法和征询意见等方式为社会组织和公众参与政府监管提供必要的制度化渠道，以推动向新的执法方式转变与发展。[114]

最后，负责环境治理政府内外多元主体间治理行为的协调和争议的裁决。一方面，环境行政部门应当负责对环境治理相关的不同政府部门治理行为的协调和争议的解决。政府内部承担不同环境治理职能的部门，虽然总体上均作为国家意志的代表而存在，但不同的政府部门对于具体的环境治理问题依然存在相应的利益差异，而且由于不同政府部门进行环境治理的手段也存在较大的不同，在具体的环境监管工作中，不可避免出现环境治理相关政府部门之间的矛盾和冲突，从而需要环境行政部门承担相应的行为协调和争议裁决的职能。另一方面，环境行政部门还应当负责对非政府部门的环境治理参与人治理行为的协调和争议的解决。不同的非政府环境治理参与人，如企业主体与社会组织和公众主体对于具体的环境治理行为，很可能由于利益和行为手段的不同，而产生相应的矛盾和冲突。即使在企业主体内部以及社会组织和公众内部的不同个体之间，仍然会由于个体利益的差异而产生相应的摩擦和纠纷。作为对非政府多元治理主体进行更高一级治理的元组织主体,环境行政部门应当对非政府环境治理参与人之间产生的矛盾和纠纷进行必要的协调和裁决,防止因为不同主体各行其是而导致不当或无效的环境治理行为。

5.1.2 建立公益诉讼理论下司法与行政衔接机制

环境公益诉讼是法院这一司法机关参与环境治理的最重要方式,其通过现行《民事诉讼法》和《环境保护法》相关法律条款予以确认,是对损害公益的环境污染行为进行司法审判的重要手段。[115] 由于被提起环境公益诉讼的损害环境公益的行为一般属于环境行政部门的执法范围,环境公益诉讼事实上在很大程度上同相应的行政部门的环境执法权力相重叠。之所以在法律上已经规定了环境行政部门的环境行政执法职权的基础上依然设置了环境公益诉讼制度,是因为环境公益诉讼能够在很大程度上弥补环境行政执法过程中可能出现的执法能力不足或者矫正不当的环境执法行为,从而能够确保最大限度发挥行政权与司法权的各自效用。[116] 然而,由于提起环境公益诉讼的条件中并没有规定应当以相应的环境行政执法作为前置条件,因此,环境公益诉讼在具体审理和裁判过程中很可能产生与相应环境治理行政权力的冲突,从而在一定程度上导致政府内部的行政治理资源和司法治理资源的内耗,不利于环境治理整体质效的提高。从元治理的角度,既然确立了环境行政部门作为环境元治理的元组织,那么这种司法与行政权力的冲突应当以尊重环境行政部门的行政执法权为前提进行有效解决。具体来说,应当构建公益诉讼理论下的司法与行政之间的科学衔接机制,有效化解这种可能出现的环境司法和环境行政产生的冲突。

5.1.2.1 公益诉讼理论下司法与行政衔接的现状

环境公益诉讼包括环境民事公益诉讼和环境行政公益诉讼。由于环境行政公益诉讼直接以相关环境治理行政部门的不作为或乱作为等不当行政行为的存在为前提,行政公益诉讼实质上是一种对于具体不当行政行为的事后救济和矫正机制,因此,公益诉讼理论下的司法与行政衔接主要涉及司法权力对行政权力的协调问题。而环境民事公益诉讼的诉讼对象是产生公益侵权的环境民事行为,相关环境民事侵权行为往往同时属于环境行政部门行政执法的范畴,也可能涉及司法权力对行政执法的判断。因此,讨论公益诉讼理论下司法与行政衔接主要指环境公益诉讼中对具体环境侵权行为的处理是否与环境行政执法部门的执法决定产生冲突的问题。公益诉讼理论下司法与行政衔接的现状主要表现在以下三个方面。

第一,公益诉讼理论下司法与行政衔接的相关法律规定。当前有关环境公益诉讼的相关法律规定主要体现在现行《民事诉讼法》第五十八条和《行政诉讼法》第二十五条第四款,以及《环境保护法》第五十八条的相关规定。《民事诉讼法》第五十八条明确规定,符合法定条件的机关和组织以及人民检察机关拥有提起环境民事公益诉讼的权利。《行政诉讼法》第二十五条第四款规定,对于环境行政部门在环境监管方面的不作为和乱作为行为,人民检察院可以提起环境行政公益诉讼。而《环境保护法》第五十八条也规定了符合法定条件的社会组织有向法院提起环境公益诉讼的权利,但不得利用这一权利牟利。基于这些规定,对于损害社会公共利益的环境侵权行为以及环境行政部门的不作为乱作为行为,符合条件的主体均可以直接向法院提起公益诉讼。然而,在环境民事公益诉讼中,由于损害社会公共利益的环境侵权行为,同样属于环境行政部门的执法范围,按照相关法律规定提起的公益诉讼,相关诉讼标的事实上可能与环境行政部门的执法标的重叠。由于接受公益诉讼的法院和拥有环境执法权力的行政部门都拥有法定的对相关环境侵权行为进行判断和处罚的权力,因此司法与行政权力之间存在冲突的可能。在环境行政公益诉讼中,由于司法权力直接对行政权力的行使进行审查,也存在如何维护环境行政部门的权威和其正当执法权力行使的问题,二者的科学衔接关系重大。

第二,环境民事公益诉讼中环境行政机关多数是证人身份。《民事诉讼法》与《环境保护法》规定,对于环境公益诉讼,仅能由适格的机关、社会组织或者检察机关提起公益诉讼,而拥有直接执法权力的环境行政机关则被排除在环境公益诉讼的法定原告资格之外。然而,这并不意味着环境公益诉讼与环境行政机关无关。事实上,由于环境公益诉讼涉及的行为事实同时也是环境行政部门的执法对象,在正常情况下,环境行政部门不仅应当对相关环境侵权行为有着非常细致的了解,而且还有可能已经采取了必要的环境行政执法措施予以处理。因此,法院在审理环境公益诉讼案件的过程中,为认定案件事实,经常会需要相关环境行政部门提供相应环境侵权行为是否存在以及具体事实的相关证据,这使得在环境公益诉讼中环境行政机关不可避免地作为关键证人,于是环境行政机关主要以证人身份出现。

第三,环境民事公益诉讼中环境行政机关的支持至关重要。正是因为环境公益诉讼的诉讼标的与环境行政部门的执法标的的重合性存在,行政权力的支持对于诉讼中司法权力的有效行使至关重要。司法实践中,环境行政机关支持的重要性主要表现在两个方面。一是帮助法院认定事实。由于环境行政部门往往对环境公益诉讼中的环境侵权行为采取了一些环境行政执法措施,因此其往往掌握了相关环境侵权情况的第一手资料,是法院审理案件时准确认定案件事实需要的而自身又难以获取的关键证据,行政机关可以作为至关重要的证人而存在。二是帮助法院有效执行环境裁决。环境公益诉讼的裁决是否能够起到应有的救济和惩罚效果,不仅需要被告的有效配合，而且法院为有效执行经常不得不借助于环境行政机关对于环境治理行为的专业力量，甚至在很多时候由于司法机关执行力量不足，环境行政机关成为督促被告有效履行相应裁决中的环境治理义务的主要力量。正是因为环境公益诉讼中环境行政机关的支持至关重要，在环境治理法治化过程中，司法和行政权力衔接的重要性不言而喻。

5.1.2.2 公益诉讼理论下司法与行政衔接问题的表现

正是因为司法权力与行政权力之间存在非常密切的关系，虽然相关法律并没有对司法与行政衔接进行明确规定，却存在环境行政机关在环境公益诉讼中作为主要证人，以及作为诉讼支持者而存在司法与行政实质性相衔接的情况。也就是说，公益诉讼实践中司法与行政衔接不仅存在，而且是非常重要的存在。然而，由于当前法律并不存在对这种衔接的相关制度性规定，在现实中司法与行政往往衔接时产生了一系列问题。具体来讲，司法与行政衔接存在的主要问题包括以下五个方面。

第一，忽视行政执法权的依法行使。从元治理的角度来讲，环境治理的政府主导需要确定一个具体承担相关环境治理职能的元组织，而具有广泛的环境执法权的环境行政部门毫无疑问是这一元组织的最佳选择。因此，在环境治理政府主导法治化过程中，作为元组织的环境行政部门理应得到最大程度的重视。然而现实中，虽然环境行政部门在环境诉讼中承担着作为环境侵权事实的主要证人以及环境诉讼裁决执行主要支持者的作用，但远没有起到主导者的作用，基本上作为司法权力的辅助者，而且并不是不可或缺的关键辅助者而存在，行政执法权受到不应有的忽视。首先，行政机关被排除在提起环境诉讼主体之外。环境公益诉讼制度设计的主要问题是就提起诉讼主体作出的限制。根据《民事诉讼法》第五十八条和

· 161 ·

《环境保护法》第五十八条的规定，环境公益诉讼的法定原告只包括符合条件的社会组织和检察部门，而将相关行政机关排除在外。[①] 其次，行政机关在环境民事诉讼中仅作为普通证人而存在。环境行政部门虽然是非常关键的证人，但其本质上仍然只是普通证人，只是在原告提供的其他证据难以认定案件事实的情况下，才需要环境行政部门提供相应的证据。环境行政部门的证人身份并不是必需的，从程序上来说是可以取代的。最后，环境行政部门对诉讼裁决的支持不是必须履行的法定义务。也就是说，在环境公益诉讼裁决的执行过程中，环境行政部门能否起到对诉讼裁决的决定性支持作用，事实上依然取决于负责执行的法院是否寻求环境行政部门的帮助以及环境行政部门是否愿意提供必要的帮助，这使其可能起到的对裁决执行的支持作用处于不确定状态，不利于相关执行的具体落实。

第二，诉讼裁决与行政决定产生冲突。在环境公益诉讼中，法院通过审理案件作出裁决的同时，相关环境行政部门也可以依据自身的法定职责作出对相关环境侵权行为人的行政处罚决定，从而产生诉讼裁决与行政决定之间的冲突。这种冲突主要表现在，一方面，可能导致环境侵权行为人受到双重处罚。环境公益诉讼和环境行政执法同时对某一特定的环境侵权行为作出裁决和行政处罚决定的情

[①] 实践中，出现了环境行政部门作为生态赔偿案件的原告提起公益诉讼，最后被法院以原告不适格为由驳回起诉的情况。如在一起环境刑事附带民事诉讼案件中，原审附带民事诉讼原告宁德市古田县生态环境局向一审法院起诉请求：判令被告人陈某成、陈某明偿还代为处置费 2781545 元。宁德市古田县人民法院于 2020 年 6 月 15 日作出（2020）闽 0922 刑初 64 号刑事附带民事裁定，以宁德市古田县生态环境局不具备原告资格为由，裁定驳回起诉。二审法院宁德市中级人民法院也认为，古田县生态环境局在没有任何法律授权而且自身可以通过行政执法解决生态索赔问题的情况下，不具备作为原告申请索赔的资格，因此维持一审原判。正如宁德市中级人民法院指出的，古田县生态环境局具有处置相应环境侵权行为的"法定职责"，不具备进一步寻求司法权力救济的资格。

况意味着当事人必须同时承担诉讼裁决和行政处罚决定的法定处罚，同一违法行为同时受到司法权力和行政权力的制裁。按照违法行为与责任相当的原则，这等于违法行为人遭受了双重处罚，对其明显不公平。如法院判决由违法行为人承担生态修复责任，而环境行政机关则根据环境生态恢复需要的费用作出罚款10万元的行政处罚决定，这时会出现违法行为人既承担了生态恢复责任，又承担了环境生态恢复必须支出的10万元金钱给付义务，其事实上承担了生态恢复的双倍责任。另一方面，可能导致环境侵权行为人承担责任的直接冲突。同上例举，法院判决由违法行为人承担生态恢复责任，限期10年完成，而环境行政机关则作出责令其5年内恢复生态的行政处罚决定，则会出现违法行为人到底应当在10年内还是5年内恢复生态的冲突，导致责任人在履行责任时无所适从。诉讼裁决与行政决定之间的冲突，对环境治理法治化产生的负面作用是显而易见的，不仅会导致相关裁决和决定实际执行质效的降低，而且还会对司法与行政权威产生一定程度的损害。

第三，环境行政公益诉讼中对调解缺乏法律规范依据。根据《行政诉讼法》第六十条的规定，行政诉讼原则上不适用调解，但行政赔偿、补偿以及行政机关行使自由裁量权的案件可以适用调解。也就是说，行政案件一般情况下严禁适用调解，而行政赔偿、补偿以及自由裁量权的案件却可以，而且对这些案件是否适用调解也是使用可选择性的"可以"，而不是必须的"应当"。因此，在环境行政公益诉讼中，很多情况下事实上"能够"以调解方式结案的案件，限于法律规定而通过判决的方式结案，使得环境行政公益诉讼中本可以采取调解方式解决的案件因无法可依而出现"裁判不经济"现象。对调解结案的规范缺失，会加剧司法和行政相衔接的难度。一方面，通过判决的方式结案，虽然能够起到矫正不当环境行政执法行为的作用，但毫无疑问会在很大程度上损害环境行政部门的权威，对其后续环境执法行为产生不利的负面影响。另一方面，通过判决的方式结案，可能会导致被告环境行政部门对于相关判决结果产生抵触情绪，因为后续判决的执行必须在环境行政部门的配合下才能更顺利地落实，这种抵触情绪的存在很可能对相关判决的执行产生不必要的障碍。

第四，缺乏判决前司法机关与行政机关之间必要的沟通机制。为了避免环境民事公益诉讼中司法裁决和行政决定之间的冲突以及环境行政公益诉讼中司法权对行政权力的过度干预，在判决前由法院与环境行政部门进行沟通是必要的。然而，在当前的环境公益诉讼制度下，并不存在判决前司法与环境行政部门进行沟通的程序性规定，在具体实践中，司法与行政部门之间也不存在进行相应沟通的惯常性做法。司法与行政之间必要沟通机制的缺乏，导致判决内容在实际执行过程中往往因为得不到环境行政部门的积极配合而难以充分落实，并且因为没有考虑环境行政部门的具体情况而可能出现对相关行政执法权威的不当损害，这在根本上不利于发挥政府主导环境治理法治化的促进作用。

第五，司法与行政之间的界限模糊不清。一般来讲，环境违法行为的处理既可选择环境公益诉讼这一司法程序，也能选择环境行政执法，上述处理方式的结果具有相似性，这也导致司法与行政之间的权力界限难划分清楚。如实践中，检察机关提起的环境公益诉讼的部分案件，本来可以直接通过检察监督即能够督促环境行政部门正确纠正的行政执法不作为和乱作为事件，因为检察机关对司法权与行政权的应有界限认识模糊，不能正确认识到司法作为终局性救济方式的意义，在没有与环境行政机关充分沟通和协调的情况下即提起环境公益诉讼，导致行政机关正常行使行政执法权力时受到不必要的干扰，也大大增加了环境公益诉讼中司法权和行政权出现冲突的可能性，致使依靠环境公益诉讼以更好地保护生态环境的根本目的难以顺利实现。另外，由于环境行政机关对于行政和司法边界的认识错误，出现了非常明显的行政执法缺位，而不恰当地、过度地依赖司法程序的情况。又由于检察机关对于环境行政执法职能认识不清，出现了以启动公益诉讼中来过度扩张司法权力边界，进而对行政执法权力产生了不恰当干扰的情况。行政和司法边界模糊不清会导致两者在职责上的错位，不利于两者在政府主导环境治理过程中的顺利衔接，且对环境公益诉讼可能达到的效果也产生了非常明显的负面影响。

5.1.2.3　公益诉讼理论下司法与行政科学衔接机制的构建策略

鉴于公益诉讼下司法与行政密切配合和协调的重要性，针对当前以《民事诉讼法》《行政诉讼法》《环境保护法》为依据的环境公益诉讼中二者存在一系列配合协调的问题，有必要通过构建科学的衔接机制予以有效解决，使环境行政部门在环境元治理过程中的元组织地位得到充分体现，以更好地发挥政府主导的法治化进程对环境治理质效的促进作用。

第一，贯彻充分尊重行政权力的原则。环境行政部门是环境治理的法定元组织，从本质上来说，环境公益诉讼制度施行中可能出现的环境司法权和环境行政权冲突，属于体制内部不同部分之间的冲突。因此，应当通过体制内部治理行为冲突的功能协调解决。考虑到司法部门基于宪法和法律规定独立审理案件的特殊性，环境行政部门不可能直接干预作为司法制度重要组成部分的环境公益诉讼制度的具体实施。但这并不等于司法机关及案件的当事人可以不考虑行政部门在环境治理中应有的权威。一方面，诉讼中不考虑环境行政部门的行政执法行为，很可能导致对损害环境行为人的双重处罚，不仅浪费环境治理资源，而且对当事人处罚不公。另一方面，不考虑环境行政执法行为，会直接对后者的行政权威产生损害，易使人产生司法权凌驾于行政权之上的错觉，不利于行政部门履行自身作为环境治理元组织应有的元治理职能。

因此，在完善环境公益诉讼制度时，司法机关必须贯彻充分尊重行政权力的原则，在不损害环境行政执法权威的基础上，完成环境公益诉讼审理工作。建议在《民事诉讼法》第五十八条和《环境保护法》第五十八条中，直接规定环境行政部门为环境民事公益诉讼的第三人，以保证行政部门充分参与诉讼，并在此基础上建立相应的司法部门与行政部门密切配合协调的诉讼衔接机制。此外，可在《行政诉讼法》总则中直接规定尊重行政权力适当行使的原则，并在后续条文中设置充分尊重行政权力的一系列司法与行政充分协调衔接的规范。

第二，设置案件审理缓冲期。为了尽可能尊重环境行政部门的行政执法权力，有必要在环境公益诉讼程序中设置案件审理缓冲期。即法院立案之后并不按照普通诉讼程序直接进行案件审理，而是设置一个固定的审理缓冲期作为公益诉讼诉前程序之一。在此期间内由当事人、司法机关与环境行政部门进行充分的沟通和协调。如果此时行政部门可以通过行政执法的方式解决环境损害纠纷，则法院可以建议原告撤回起诉；在缓冲期内行政部门不能解决的，则法院在取得环境行政部门意见的情况下再按照诉讼程序进行案件审理。上述期间可以为行政机关主动执法或者矫正不当执法提供必要的时间，也有利于理顺环境司法审判和环境行政执法之间的关系。

考虑到行政执法部门完成上述行为需要的时间周期，可以将缓冲期设置为一个月。一是要规定审理缓冲期的期限和在诉讼程序中的具体阶段。考虑到该期限是为了让行政部门在司法部门启动审判程序前改进行政措施以解决环境纠纷，故缓冲期应设于案件立案后正式审理前。二是要规定缓冲期间应当进行的相关事务内容。设置缓冲期的目的，并不是在普通诉讼程序的基础上单纯增加一个月的诉讼期限，而是要以此尽可能实现环境司法审判和环境行政执法之间的有效协调。因此，应当明确在缓冲期内需开展相关事务的具体内容。比如，承办法官应联系行政部门通报案件情况，交流意见，建议采取环境行政措施等。如果环境行政部门接受相关建议并采取了合理措施，则承办法官可建议原告撤回起诉。如果行政部门不愿意接受建议或者虽然表示接受但在缓冲期内并未采取任何实质性措施，又或者原告不愿意撤销起诉，则缓冲期届满继续按照普通诉讼程序开庭审理。

第三，法律框架内尽可能调解结案。为维护环境行政部门的执法权威，应在法律允许的范围内尽可能通过调解方式结案。通过环境公益诉讼中的司法审查方式对环境行政部门行使权力的行为进行矫正，实际上是司法权力对行政权力的监督式干预。这种干预虽然对于保证环境行政执法权力的正确行使有着重要作用，但也会对环境行政部门的执法权威产生一定的负面影响，不利于维护环境行政部门作为环境治理过程中元组织的地位，以及环境行政部门与执法对象之间形成良好的监管关系，从而影响环境行政管理的质效。因此，在环境公益诉讼中，应当充分考虑司法判决否定行政执法权威可能产生的负面影响。对于法律允许通过调解方式结案的，尽可能调解结案以最大程度缓和行政部门与被监管对象间的紧张关系，为前者环境执法权力的顺利行使提供必要的司法支持。

为达到这一目标，首先，应在相关法律中把"可调尽调"作为基本诉讼原则，使诉讼参与人形成尽可能通过调解结案的共识。其次，规定法官在案件判决前的所有阶段，包括立案、审理缓冲期以及正式审理过程中，均提醒和建议诉讼当事人通过调解的方式结案。再次，在法院中配备专门的调解专家和配套设施，为调解结案提供必要的配套条件。最后，构建裁判程序和调解程序互相切换的科学衔接机制，保证在诉讼过程中能够适时转入调解，调解不成时也能够顺畅地转回判决程序，以此为诉讼调解提供必要的衔接支持程序。

第四，法院判决前征求环境行政部门的意见。环境治理应以"行政优先、诉讼兜底、双向并行""行政主导、多元治理、尊重专长"为原则。① 在充分尊重行政权力的原则指导下，涉案纠纷如果不能在审理缓冲期内由环境行政部门解决且调解无效的情况下，即应通过普通诉讼程序判决结案。但为尽量削弱司法判决对行政执法权威干预的负面影响，法院在判决前应当征求环境行政部门的意见，尽可能在取得后者意见的情况下作出裁判。

当然，判决前征求意见并不等于由司法部门与行政部门"合作判决"。这种征求意见的程序主要是通过法院与环境行政部门对于判决内容和具体判决方式进行必要的沟通，尽可能减少判决对环境行政部门权威的负面影响。如环境行政部门意见不影响案涉实质性权利义务分配而只是建议在形式上采取更加有利于维持环境行政部门执法权威的方式，法院应当接受意见并将其具体体现在判决书中。如果该意见要求法院对拟发布的判决书中实质性权利义务分配进行修改，且缺乏合法、正当理由的情况下，法院应当拒绝，并说明不采纳相关意见的原因。

5.1.2.4 法律上明确司法和行政两者的边界

之所以要明确司法和行政二者的边界，是因为要有效整合两方资源、避免权力冲突，最大限度促进环境治理质效的提高。从两者分工的角度，行政权力是包括环境管理在内的公共事务执法权，司法权力则是对于各种法律纠纷的终局性解决和救济手段。因此，相

---

① 对其的详细论述，具体参见薛艳华：《论环境公益诉讼与环境行政执法的衔接问题研究》，重庆：重庆大学博士后研究工作报告，2021年，第67页。

对于行政权的主动性和扩张性特征，司法权具有被动性和谦抑性。对于社会事务的管理而言，非司法职责所系，只有在行政权力管理失当的情况下，通过环境公益诉讼司法才能对行政执法予以审查，通过矫其不当而"间接"实现对环境公益事务的管理作用。也就是说，对于公益诉讼中的司法权力，其目的不是实行环境事务管理，而是对行政权力失范的矫正。正是因为行政和司法权力所具有的不同特性，对于某一具体的环境侵权事件，只有在环境行政部门不作为或者乱作为，通过法律监督程序也不能纠正，亦即在行政执法出现功能性失范，而且其他手段不能解决的情况下，才有必要通过公益诉讼这一终局性的解决手段对环境行政部门的执法失范行为进行矫正，以保证社会公益事务得到有效管理。

尽管能动司法在重构社会秩序、化解社会矛盾、平衡各方利益及创新社会管理等方面具有重要意义①，但司法自由裁量权的扩大不应是为所欲为的任性，② 司法能动必须是理性的、坚持限定的职权主义。环境治理政府主导的法治化，必须以充分尊重环境行政部门的执法权为原则，以其失范行为作为司法权力介入的前提和基础，进而确立两者的职权界限。

具体来说，这种界限应当包括以下方面。首先，排除行政机关作为环境公益诉讼原告的资格。只要相关公益侵权行为属于环境行政机关执法的范围，对其进行处置是其法定职责，不允许不履行自身职责，而将其提交司法机关处理而造成职能缺位的不正常状态。其次，对检察机关作为公益诉讼的原告资格进行限制。检察机关作

---

① 对此的展开，具体参见姚莉，显森：《论能动司法的社会管理功能及其实现》，载《法商研究》2013年第1期。
② 对于其的有关论述，参见吕忠梅：《环境司法理性不能止于"天价"赔偿：泰州环境公益诉讼案评析》，载《中国法学》2016年第3期。

为法定法律监督机关，本身即具有对行政部门的执法行为进行监督的职能，并可通过检察建议等方式督促行政部门处理环境公益侵权行为。在没有履行法律监督职能如提出检察建议的情况下，直接以原告的身份提起相应诉讼，亦明显是不履行自身职责的情况。应当在相关法律中明确规定，检察机关只有在已对行政部门提出检察建议但未获采纳的情况下，才可作为环境公益诉讼的原告，寻求司法权力介入以矫正不当环境行政执法行为。① 最后，设置环境民事公益诉讼的行政处置前置程序。对于符合法定条件的主体而言，提起环境民事公益诉讼的前提是环境侵权行为已经提交行政部门处理，而后者在合理期限内不予处理或者认为相关处理不当。

综上，有必要对现行《民事诉讼法》第五十八条、《环境保护法》第五十八条进行相应的修改。其中《民事诉讼法》第五十八条可修改为："对污染环境、侵害众多消费者合法权益等损害社会公共利益的行为，环境行政部门没有及时处理或处理不适当的，法律规定的机关和有关组织可以向人民法院提起诉讼。人民检察院在履行职责中发现破坏生态环境和资源保护、食品药品安全领域侵害众多消费者合法权益等损害社会公共利益的行为，环境行政部门没有及时处理或处理不适当，经提出检察建议仍然不及时处理或处理不适当，且没有前款规定的机关和组织或者前款规定的机关和组织不提起诉讼的情况下，可以向人民法院提起诉讼。前款规定的机关或者组织提起诉讼的，人民检察院可以支持起诉。"《环境保护法》第五

---

① 事实上，2017年的《行政诉讼法》第二十五条第四款明确规定了检察机关"应当向行政机关提出检察建议，督促其依法履行职责。行政机关不依法履行职责的，人民检察院依法向人民法院提起诉讼"。亦即只有在通过检察监督的方式不能矫正不当环境行政行为时，检察机关才能提起环境行政公益诉讼。然而，在环境民事公益诉讼中，却并没有对此进行相应规定。

十八条修改为："对污染环境、破坏生态，损害社会公共利益的行为，环境行政部门不及时处理或处理不适当，符合下列条件的社会组织可以向人民法院提起诉讼……"

5.2 构建企业主体统一高效法治化的元交换制度体系

中国环境治理政府主导法治化过程中，通过环境行政部门对环境治理主体进行的元治理，主要通过相应的环境监管来实现。而在作为监管对象的环境治理主体中，由于企业是现代社会主要的环境污染源，以及主要的环境治理责任承担者，其必然成为政府主导的环境元治理重要监管对象。[117]因此，对企业进行有效的环境监管，是环境行政部门实现环境元治理目标的主要任务。根据元治理理论，环境行政部门在对企业进行监管的过程中，为了保证代表人民根本利益的国家意志在企业自律管理的环境治理行为中得以充分体现，必须与作为被监管对象的企业之间进行有效的元交换，使企业精确接收到国家对其自律管理的环境治理的基本要求，同时收集企业自律管理的环境治理信息，为对企业进行监管的必要信息支撑。假如在元交换的相应环节中，作为元组织的环境监管部门传递给监管对象企业的环境治理要求不一致，则会使企业自律管理缺乏统一的国家环境标准，进而陷入无所适从的困境。而政府监管过程中出现的监察监管随意性过大的问题，则会使环境监管部门所获得的企业环境治理相关信息失真，导致以此为依据的后续环境监管行为缺乏必要的信息支撑。因此，在元交换出现问题的情况下，或者会导致企业无法获得准确的国家环境治理要求而不能在自律管理中准确贯彻国家的环境治理意志，或者环境监管部门因为缺乏必要的企业环治理信息而不能采取科学的环境监管措施,进而从整体上导致政府监管的无效率。然而,在当前中国环境治理政府主导法治化过程中,从元治理的角度分析,可以发现当前环境治理的元交换机制存在元交换体系的不统一导致企业责任标准体系混乱,以及元执行机制的随意性使检查监管效率低下等问题,从根本上影响了对企业进行环境监管的质量和效率。其根本原因在于没有建立作为元组织的政府监管部门与作为监管对象的企业之间科学有序畅通的信息元交换机制,从而由于信息传递的混乱和误读导致元交换信息的失真,进而导致元监管效率的低下。具体体现为:一是企业责任标准体系混乱。根本原因在于元组织内部分工的不科学,导致不同系统、不同级别的政府部门各自制定相应的企业环境标准,进而产生责任标准体系混乱的后果。① 二是元执行机制的随意性。首先,由于并不存在相关

---

① 根据《环境保护法》及相关法律的规定,在元交换过程中作为元组织一方的政府相关部门是由一系列不同的政府部门承担各不相同的法定环境治理职责。事实上,根据相关法律规定,具有环境治理职能的国家级政府部门不仅包括法定的环境行政部门,同时也包括其他专业性的部门所设立的环境保护机构。即使在2018年成立生态环境部的情况下,工业和信息化部等部门仍然存在相应的环境保护职能以及与之相对应的环境保护机构。而在各级地方政府,环境保护相关职能分工则更为复杂,地方环境行政部门和其他部门内部设立的环境保护机构之间的环保职权交错分布。正是由于这种非常复杂的法律分工的存在,导致各级环境行政部门的统一监管法定职责在很大程度上与其他政府部门的法定监管职能相重叠。尤其各级人民政府和各级环境行政部门之间的分工更是存在非常明显的模糊地带,从而产生作为元组织的政府部门内部环境治理权责分工不明晰的问题。由于当前元组织自身环境职权职责分工不清晰的原因,在法定的环境行政部门和其他相关政府部门的环保机构之间,以及环境行政部门自身的央地关系之间,均存在着由于各自利益和行为方式不同而产生的相应治理行为的差异和冲突,导致作为元治理主要对象的企业在接受相关元交换信息的过程中同时接收到不相同的多个政府部门的治理目标信息。而且由于不同政府部门间分工不明晰,甚可能出现对于同一环境治理问题同一企业同时接收到不同政府部门的不同指令,从而造成企业在具体执行过程中的无所适从。尤其是在元交换过程中对企业环境治理的自律管理至关重要的企业环保责任标准体系,由于承担类似环境治理监管职责的相关政府部门的要求不一致,必然导致其自律治理行为由于目标不明而难以最大程度符合环境治理的整体目标要求,甚至部分企业为了自身利益的最大化,选择最有利于自身利益实现的最低排放标准,进而严重损害环境治理质效。

政府部门对于企业环保责任检查监管具体执行程序的强制性法律，导致缺乏科学的、制度化的检查监管程序机制，从而必然造成以此为核心的环境治理元执行机制的随意性，进而导致检查监管效率低下。① 其次，某些地方政府为了实现本地经济增长的需求，相关环境治理的政府部门实际上在最大程度实现短期经济利益上达成了一致，从而很有可能因此而放松对企业的环境治理的监管，进一步降低相应的元执行机制的检查监管效率。②

5.2.1 制定科学统一的企业环境责任体系标准

元治理过程中元组织要实现对治理主体的有效治理，就必须保证彼此之间在沟通和协调的信息方面保持畅通和统一。所谓元交换，是指在元治理过程中元组织与接受元治理的治理主体间，为了实现元治理目标而进行的信息交换。在具体的环境治理过程中，环境治理行政部门这一环境治理的元组织代表的是国家和社会的利益，而其他环境治理主体则是代表自身利益。之所以需要对环境治理进行以环境监管为主的元治理，是因为通过环境治理行政部门这一元组

---

① 中国环境治理政府主导法治化进程虽然已经取得了一定的成绩，但是这主要表现在环境治理的基本法律，如《环境保护法》的制定和完善，以及其他规定不同治理主体的实体性权利和义务的相关法律的制定和完善等方面。而政府监管部门对于企业进行检查执法等方面的程序性规定，由于属于典型的行政立法领域，在一定程度上被相关部门所忽视，从而使相关政府部门对于企业环保责任检查监管基本按照一般工作安排，或者相关政府部门内部的工作规定进行，而缺乏强制性的科学的行政程序法的规范。

② 正是因为缺乏强制性的检查监管程序的约束，相关监管主体必然会充分利用其所具有的行政自由裁量权，采取对自身有利的行为方式对相关监管对象进行检查监管。在地方保护主义的指引下，由于加强对企业的环保检查监管必然会导致企业环境治理的成本增加，从而对企业的效益产生短期的负面影响，不利于当地经济的短期增长。因此，为了实现当地短期经济利益的最大化，相关环境治理行政监管部门极有可能在缺乏强制性检查监督程序规定的情况下，采取最有利于企业短期利润增长的方式，放松对企业的检查监管，从而导致检查监管随意性的进一步增大。

织的环境监管行为将其所代表的国家和社会的利益贯彻到其他环境治理主体的治理行为中，其他治理主体才能在实现国家和社会要求的整体环境利益的基础上，再进一步考虑自身利益的实现，从而保证所有环境治理主体的环境治理行为与国家的环境治理目标相一致。在对环境进行元治理的过程中，相关政府部门要将自身所代表的环境治理国家意志贯彻到以企业为主的监管对象的具体环境治理行为之中，就必须通过元交换机制使被监管对象准确理解国家对于其自律管理的环境治理相关要求的信息，而要实现监管对象对于环境治理的国家意志的准确把握，制定科学统一的企业环境责任体系标准是公认的最为有效的方式。

5.2.1.1 元交换要求下建立统一企业环境责任体系标准的必然性

正是因为企业在环境治理中所具有的关键意义，企业治理的好坏直接决定了相关环境治理的好坏。由于企业生产经营活动的需要，企业在运营过程中必然出现排污行为。为了保证企业的排污行为达到符合环境治理整体的有效控制目标，环境行政部门作为元组织与作为环境治理主体的企业进行元交换的主要内容，即对相关不正当排污行为进行管理和控制的相关信息，从而有效实现对不正当排污行为的监管性元治理。因此，环境治理过程中的元交换机制作为环境元治理体系的主要组成部分，是实现环境元治理目标不可或缺的重要环节。而制定统一的企业环境责任体系标准则能够使被监管企业对整体环境治理目标需要其承担的自律管理义务产生清晰的认识，从而对元交换机制的顺利运作有着至关重要的意义。或者说，在元交换要求下，为了使代表国家意志的环境治理整体目标能够在企业的具体环境治理行为中得到有效贯彻，统一的企业环境责任体系标准的建立是环境监管的必然选择。

首先，构建高效的元交换机制需要制定统一的企业环境责任体系标准。在政府监管部门向以企业为主的被监管对象进行相应信息传递的过程中，由于企业数量的巨大和分散性，作为元组织的环境行政部门与所有企业主体单独进行充分的环境治理信息方面的元交换不仅很难实现而且成本高昂、效率低下。而通过制定统一的企业环境责任体系标准，则能够通过直接针对所有企业主体的公开的高效率信息传递方式，使其能够对自身应当承担的环境治理自律管理义务产生清晰的认知，进而使数量巨大且分散的企业主体的环境治理行为能够与环境整体治理目标保持高度一致。

其次，环境行政部门对不正当排污行为治理需要通过与企业的相关信息元交换而实现。由于作为元组织的环境部门在元组织体系中对自组织治理进行治理的间接性和宏观性，以及实际上环境行政部门由于资源有限而对于不正当排污行为不可能进行直接治理，环境行政部门对不正当排污行为进行监管性元治理必须而且只能通过与企业进行相关信息的元交换而实现。为了有效保证与企业元交换的效率和质量，环境行政部门必须采取有效措施使企业对不正当排污行为进行直接治理的质量和效率。而统一的企业环境责任体系标准，则是实现企业对不正当排污行为有效治理的有效工具。通过公布统一的企业环境责任体系标准，相关企业主体可以直接根据相关责任体系标准对自身的排污行为是否适当进行核查，并在此基础上通过自律管理矫正自身的不当排污行为。因此，统一的企业环境责任标准体系的存在，可以大大节省环境行政部门对不同企业主体不当排污行为的矫正治理步骤和成本，最大限度发挥企业主体自身的自律管理作用，有效提高对企业主体进行环境治理监管的效率和质量。

最后，制定统一的企业环境责任体系标准能够有效解决当前政府监管中企业责任标准体系混乱导致的监管质效低下的问题。由于当前中国环境治理政府主导法治化过程中出现的环境监管多头治理的现象,导致很多企业需要同时接受不同的环境监管政府部门要求其实现的各不相同的环境治理标准,从而导致企业在自律管理中贯彻所有相关环境标准的事实不能。这种企业监管过程中出现的环境治理标准混乱的现象,属于典型的环境治理的国家意志向被监管对象的企业进行信息传递过程中的元交换机制失范。因此,有必要通过制定统一的企业环境责任体系标准的方式,使企业接收到准确的环境治理的国家意志,进而有效改变当前由于环境标准混乱导致的监管质效不彰的不利局面。

5.2.1.2 元交换要求下统一的企业环境责任体系标准的可行性

虽然根据法律规定,不同政府部门分别承担相应的环境行政监管的部分职责,并且由此导致了企业环境责任体系标准的混乱,但这并不意味着制定统一的企业环境责任体系标准会存在难以克服的困难。事实上,在明确环境行政部门作为环境治理核心元组织的情况下,完全可以在环境行政部门牵头组织下,实现企业环境责任体系标准的统一。一方面,造成企业环境责任体系标准混乱的根本原因在于当前存在的环境监管事实上的多头治理现状。从法律上确立以环境行政部门为核心的环境治理元组织体系,环境行政部门应当承担对所有环境监管行为的统筹和协调职责,因而涉及所有环境监管政府部门的企业环境责任体系标准同样应当由环境行政部门进行统一规划和制定。因此,在确立了以环境行政部门作为环境治理的元组织体系的核心部门,并明确规定由其承担对所有环境监管行为的统筹和协调职责的基础上,由环境行政部门制定统一的企业环境责任体系标准也就顺理成章,不存在法律和实践上的障碍。另一方面，当前存在的企业环境责任体系标准为统一的企业环境责任体系标准的制定提供了必要的经验和前提。亦即是说，虽然当前由于多头治理的环境监管现状导致企业环境责任体系标准事实上的混乱，但这种以环境标准作为贯彻国家环境治理意志的元交换方式已经得到了包括相关政府部门以及被监管对象企业的广泛接受。在此基础上进一步统一企业环境责任体系标准，不存在因为承担监管责任的政府部门和被监管对象企业对其不熟悉而难以接受的问题。

5.2.1.3 元交换要求下统一的企业环境责任体系标准的具体内容

在元治理理论中，统一的企业环境责任体系标准能够对被监管对象的企业自律性质的环境治理行为产生相应的正当性约束，保证不因为企业自身的短期盈利目的而产生放纵不正当排污行为的可能，从而保证有效达成代表人民根本利益的整体环境治理目标，顺利实现元治理过程中以环境行政部门为代表的国家元组织与平台之间的元交换。因此，企业环境责任体系标准的实施，应当能够保证作为环境治理监管对象的企业，能够通过相关企业环境责任体系标准，准确把握其中所代表的国家环境治理整体目标，并以此为据进行相应的自律管理形式的环境治理行为，最终实现对自身排污行为的有效遏制。以此为据，元交换要求下统一的企业环境责任体系标准应当包括以下方面具体内容。

首先，统一的企业环境责任体系标准应当具有明确性。统一的企业环境责任体系标准应当具有明确性，即将企业应当承担的相关治理义务以及相关环境治理应当达到的目标进行清楚列示；有效解决基础性法律所具有的模糊性和抽象性问题，为企业的自律管理性质的环境治理行为提供明确的指引；其与基础性法律一起构成完整的整体环境治理目标的法律体系，使代表人民根本利益的整体环境治理目标能够切实为被监管对象的企业所掌握。

其次，统一的企业环境责任体系标准应当明确企业对于自身治理行为的最低标准义务。在此最低标准义务实现的情况下，代表人民根本利益的国家整体环境治理目标的实现能够得到有效的保证，只要被监管企业能够充分保证最低标准义务的履行，其自律管理性质的环境治理行为即具有了相应的正当性。另外，最低标准义务在很大程度上保证了企业自律管理性质的环境治理行为的灵活性。企业还可以在最低标准义务的法律框架内，根据企业自身情况对相关环境治理行为进行优化，在保证基本环境义务实现的基础上最大化企业自身的利益，从而有效实现维持良好生态环境的法定环境治理义务和企业自身利益相结合的双赢状态。在此，企业还应当承担预防和控制不当排污行为的责任。仅仅承担最低标准的法定治理义务并不能保证企业在自律管理性质的环境治理行为中能够有效实现相应的环境责任体系标准。事实上，由于企业自身管理以及各种配套制度和设施方面存在的问题，即使企业具有保证相关环境治理最低标准义务的良好意愿，也可能因为客观条件的制约而导致意愿不大。因此，为了保证企业自身管理能力以及相关配套制度和设施能够达到实现环境治理最低标准义务的程度，企业不仅需要承担根据最低标准义务对已经产生的环境污染进行治理的被动义务，而且应当进一步承担进行预先审查可能产生的各种污染风险并制定相应的应对措施的主动认证义务。如企业按照环境治理的标准要求，完成符合环境治理标准的相关认证，如ISO10000环境系列认证等。相关认证标准由环境行政管理部门依据整体环境治理目标统一制定，并指定具有相关资质的第三方认证机构对相关企业进行认证，从而保证企业在相关认证标准的约束下，具有实现环境污染治理最低标准义务的相应管理能力和配套制度与设施等，为企业具有足够的承担统一的企业环境责任体系标准的能力提供充分的软硬件资源保障。

最后,构建统一的企业环境责任体系标准的评价机制。构建统一的企业环境责任体系标准的评价机制,即根据企业通过自律管理性质的环境治理行为承担环境责任体系标准的具体情况,对其进行相应的评价,并根据评价结果对相关企业进行奖励或者惩罚。也就是说,对于能够有效达成相关环境责任体系标准,甚至能在一定程度上超额完成环境治理最低标准义务的企业,根据其实际对环境治理所作出的额外贡献的大小给予排污费和其他费用的相应减免,以及各种荣誉称号方面的奖励,以激励企业在后续治理中能够更好地实行符合整体环境治理目标的良好治理行为。而对于没有达到相关环境治理最低标准甚至违反相关标准的企业,则应当根据其没有达标或者违反标准的具体原因,以及相关行为对于整体环境治理目标实现造成的实际损害给予罚款、限期整改、停业整顿乃至吊销营业执照等处罚。但是假如相关企业确实因为自身在经济和能力等方面的不足导致环境体系认证义务没有完成的,可以给予其一定的宽限期,在宽限期内仍然没有完成环境体系认证或者没有进行认证的,再根据相关规定进行实质性处罚。在对企业履行相关环境治理义务进行评价并且施以奖惩的同时,作为监管机关的政府部门自身也应当根据企业具体的评价结构,总结监管过程中的经验和不足并以此作为后续调整和优化相应环境监管行为,乃至相应企业环境责任体系标准的依据,保证对企业的环境监管工作在有利于环境治理整体质效持续提高的情况下不断进步。

5.2.2 设置规范高效的检查监管程序

中国环境治理政府主导法治化下的检查监管程序指的是承担环境监管职责的政府部门,为了有效实现环境监管目标,对作为被监管对象的企业等环境治理责任承担主体进行定期和不定期的环境检查，并根据检查结果，对被监管对象的环境治理行为和结果进行评价，并以此为依据对被监管对象进行奖惩，以便对后续的监管行为进行必要的调整和优化。[118] 一般来说，相应的检查监管分为定期检查和不定期检查两种情况。定期检查是在相对固定的时间内，对企业某一周期，如某一月、某一季度或者某一年度的环境治理行为和结果进行相应的检查，以获得被监管对象固定周期环境治理的相关信息。然而，定期检查由于其固定期限的刻板性，具有获得的信息可能不全面，甚至信息失真等问题。① 因此，在定期检查之外，一般还应以不定期检查作为配合手段。不定期检查指不以固定周期为限，而是按照环境监管的实际需要随机选择某一个时点对被监管对象进行的检查。不定期检查具有典型的检查时间的不确定性以及突然性等特点，从而能够对定期检查获得的信息可能不具代表性的问题进行有效的克服，并且因为没有给被监管对象预留足够的弄虚作假的时间，能够在一定程度上防止相关信息可能出现的失真情况，并对定期检查获得的信息的真实性进行有效核实。

5.2.2.1 检查监管程序在元交换机制中的功能和地位

元治理理论下的元交换主要包括两个必要的信息交换环节。第一个环节是元组织将代表人民根本利益的整体环境治理目标向被监管对象企业进行信息传递的环节，通过这一环节使企业自律性质的环境治理行为能够以作为元组织的环境监管部门的相关环境治理标准为依据，保证相应的环境治理结果符合国家整体环境治理目标。

---

① 这些问题的产生主要是因为固定时点获得的环境治理信息在固定周期内可能并不具有足够的代表性，从而导致相关检查获得信息的局限性。在极端情况下，由于固定时点检查为企业弄虚作假行为提供了充足的时间，因此，甚至可能出现检查获得的信息严重失真的极端情况。

第二个环节是进行自律管理性质的环境治理行为的企业，将自身环境治理行为和结果的相关信息反馈给作为环境治理元组织的环境监管部门，并由环境监管部门根据这些具体信息，对企业的具体环境治理行为进行评价和审查，通过企业实际的环境治理绩效对其进行相应的奖惩，并以此为依据调整和优化后续的环境监管行为。为了充分实现第一个环节的元交换功能，现代社会为被监管对象的企业制定了相应的法律规定和环境标准以对其自律管理性质的环境治理行为进行有效约束，进而保证法律规定和环境标准中所体现的代表人民根本利益的整体环境治理目标能够在企业自律性质的环境治理行为中得到充分实现。而对于第二个环节，获得企业自律性质的环境治理行为相关信息的过程中除了要求企业依据相关规定主动提供各种形式的与环境治理相关的数据和资料外，通过检查监管程序对企业环境治理的实际情况相关的信息进行核实和采集，是当前中国环境治理政府主导法治化进程中环境监管部门履行对企业监管职责的主要手段。正是因为环境检查监管程序对于企业环境监管过程中的元交换所具有的重要意义，建立规范高效的检查监管程序是有效提高企业环境监管质量的有效和必要措施。

5.2.2.2 建立规范高效的检查监管程序的必要性

检查监管程序的存在，并不表示其能够顺利实现元交换要求的获得充分而真实的被监管对象环境治理信息的目的。事实上，由于检查监管过程中可能出现的各种主客观原因，在检查监管实践中会产生一系列导致检查监管功能失范的情况，尤其是由于目前检查监管过程的随意性较大，从而导致检查监管所获得的信息失真和效率低下，更是使检查监管程序应当起到的对元交换机制顺利运作的法律保障作用不能有效实现。因此，有必要建立规范高效的检查监管程序，克服由于检查监管的随意性导致的元交换机制失范的问题。

从规范的必要性角度来看，一方面，由于环境监管相关的法律法规对于检查监管程序缺乏规定，环境监管职责下的检查监管实际上成为具体的环境监管部门及其工作人员自由裁量的范畴。由于不同环境监管部门及其工作人员对于环境检查监管在具体理念认知以及执行素质上的差异，导致环境检查监管在具体实践中出现随意性较强等程序不规范的问题。另一方面，在环境检查监管程序不规范的情况下，很多地方环境检查监管部门出于地方保护主义和仅仅考虑经济增长的动机，为了尽可能减少作为地方经济发展主要动力的企业主体的环境治理成本，在环境检查监管的过程中，故意滥用其所具有的环境检查监管的自由裁量权，对企业的检查监管流于形式，不仅很难通过检查发现企业在环境治理中存在的实际问题，而且对已经发现的问题不及时上报和处理，甚至视而不见。因此，当前存在的环境检查监管过程中的随意性，已经在很大程度上损害了元交换机制需要实现的功能，难以通过相关检查监管获得以企业为主的环境监管对象相关环境治理行为和结果充分而准确的信息，从而作为对被监管对象进行评价以及后续监管行为调整和优化的信息依据。

从高效的必要性角度分析，一方面，在环境检查程序随意性较大的情况下，必然出现不同的监管检查人员针对类似的环境检查采取各不相同的检查方式的情况。由于不同的检查方式检查质量和效率存在较大的差异，意味着随意性较大的环境检查程序会导致相当多的具体检查行为低效率甚至无效率，从而大大降低环境治理监管的质效，对相应的环境治理整体目标的实现产生负面影响。另一方面，在环境检查程序随意性较大的情况下，作为被监管和检查对象的企业主体，必然会充分利用自身的一些社会关系，对相应的检查行为施加各种有利于自身利益的影响，而对企业自身有利的检查行为，往往意味着对整体环境治理目标实现的不利。也就是说，在企业能够对相关检查行为施加一定程度影响的情况下，必然会降低相关检查行为的质量和效率，进而从根本上不利于整体环境治理目标的顺利实现。正是因为现行环境检查程序的随意性较大，会存在低效率的监管行为以及企业主体对检查行为施加不正当影响的可能，从而不利于环境监管检查工作的高效推进，进而对环境监管整体目标产生负面影响。

正是因为环境检查监管缺乏法律规定导致的随意性，以及这一随意性可能导致的环境检查监管获取充分而真实的被监管对象相关信息的功能失范，有必要通过建立规范而高效的环境检查监管程序的方式予以有效克服。一方面，通过环境检查监管程序的规范性，克服基本环境治理法律对于环境检查监管程序规定的模糊性和抽象性，以及具体执行部门自由裁量权过大而导致的滥用环境检查监管权力的行为；另一方面，环境检查监管程序是由相关立法和执法方面的理论研究人员和实务人员根据科学规范的立法程序合作产生的成果，从而不仅保证了环境检查程序的规范性，还保证了相关程序的逻辑合理性与实践中的可操作性，从而具有较强的科学性，保证了环境检查程序的高效性。规范而科学的环境检查监管程序能够尽可能避免因为具体执行部门人员素质的良莠不齐而可能出现的各种低效无意义的检查监管行为，通过提高相关检查监管行为的合理性和科学性，从而实现检查监管的高效性。因此，规范高效的检查监管程序是与具有模糊性和抽象性的基本法律相配套的，能够为元交换机制顺利运作提供必要程序保障的有效措施，是实现整体环境治理目标必不可少的手段。

从可行性方面，建立规范高效的检查监管程序并不存在理念目标和实际操作上的实质性障碍。一方面，通过检查监管程序可满足获取被监管对象充分而真实信息的要求,在缺乏规范高效的检查监管程序的情况下,是否能够实现上述目标存在很大的不确定性,从而使相关实务工作者对其产生了迫切的现实需要。并且因为当前法治建设的日益推进,通过检查监管过程的法治化以及建立相应的规范高效的检查监管程序为检查监管工作目标的充分实现提供必要的法治保障,已经成为承担相关检查监管工作的政府部门及其工作人员的共识。另一方面,正是因为意识到检查监管程序的规范高效对于检查监管工作顺利开展的重要意义,在很多承担环境检查监管职责的政府部门中,已经出现了其自行制定的各种形式的检查监管的程序制度。虽然这些制度的形式各不相同,并且多少存在科学性方面的瑕疵,但为构建统一的规范高效的检查监管程序提供了必不可少的宝贵的经验和基础。因此在当前,相关环境监管部门及其工作人员已经普遍具备相应的构建规范高效检查监管程序的法治理念,且已经具有一些实验性质的检查监管程序制度的情况下,通过正式的立法行为,建立规范高效的检查监管程序已经具有相当程度的思想和经验方面的基础与保证。

5.2.2.3 规范高效的检查监管程序应当具备的基本特征

由于作为被检查监管对象企业情况的千差万别,以及不同类型的环境治理需要采取的检查监管方式存在的较大差异,规范高效的检查监管程序必然根据具体情况而体现出各不相同的形态。因此,不可能制定出普遍适用的对相关细则进行详细规定的规范高效的检查监管程序,而只能对规范高效的检查监管程序应当具备的基本特征进行概括性的描述,作为建立规范高效的检查监管程序应当遵循的一般标准。规范高效的检查监管程序的根本目的在于通过相关政府部门的检查监管,能够及时获得作为被监管对象的企业自律管理过程中的环境治理的相关信息,从而作为对企业环境治理行为和结果进行评价以及后续调整相关监管策略的必要依据。因此,规范高效的检查监管程序在具体设计中,应当以保证通过检查获得的信息的及时性和有效性为目的,通过相关设计程序的合法性、科学性,以及必要的灵活性等,为检查监管的有效性奠定必要的制度基础。具体来说,规范高效的检查监管程序应当具备以下三个基本特征。

首先,保证相关程序的合法性。即所有的检查监管程序的内容应当符合法律的相关规定及基本精神,在法律规定的框架内按照最有利于及时有效获得被监管企业相关环境治理信息的目标进行制定。合法性是所有的检查监管程序存在的基础,不具有合法性的检查监管程序,即使在具体的监管过程中具有非常高的质量和效率,也会因为本质上的非法性质而必须严禁使用,通过不合法的程序进行的检查监管行为也会因为其非法性而丧失必要的法律效力,甚至应当通过相关程序对相关非法检查行为进行必要的追责。法律是代表着人民根本利益的国家意志,因此保证相关程序的合法性,实际上是保证相关监管程序同国家整体环境监管目标相一致,进而保证对企业的检查监管工作符合整体环境监管目标的要求。保证程序的合法性直接决定着程序是否具有实际效力,因此是规范高效的检查监管程序必须具备的前提。

其次,保证相关程序的科学性。这也就是说,相关程序的设计应当符合资源有效配置的基本原则,能够通过相关检查监管资源的配置,最大程度实现对被监管对象企业的相关环境治理信息及时准确掌握。只有相关程序具有科学性,相关检查监管工作才能及时准确地获得被监管企业的环境治理信息,进而有效保证元交换机制的顺利运作,从而促进环境元治理目标的实现。因此,相关程序的科学性是规范高效的环境监管程序存在的基础。

最后,充分考虑被监管企业的具体情况。企业是社会发展的基本经济组织,也是实现环境治理的主要资源主体。因此,在制定高效规范的检查监管程序过程中应当充分考虑企业的具体情况,在保证整体环境监管目标实现的情况下,尽可能对企业采取最小化检查成本的程序和方法,保证检查程序的灵活性和务实性。

5.3 创设社会组织和公众共同参与环境治理法治化的元约束机制

在协同治理理论下,因为政府资源和能力的有限性,为了保证政府对社会治理的效果,有必要充分利用政府之外的社会治理力量,尤其是与相关治理行为具有利害关系的主体,更应当纳入协同治理的范畴。而在社会治理的利害相关方中,社会组织和公众能够反映普通人民的利益和需求。正是因为社会组织和公众在治理目标上与国家整体治理目标的基本一致,通过社会组织和公众参与其他主体的环境治理行为,能够产生明显的保证其他主体的环境治理行为与国家整体环境治理目标相一致的效果。因此,促进社会组织和公众参与其他主体的环境治理行为,是协同治理理论强调的多元治理主体理论的重中之重。[119]然而,在环境治理政府主导的法治化过程中,目前社会组织和公众参与环境治理虽然从理论上得到了政府的认同和提倡,但在实践层面由于缺乏元约束机制而尚未实现实质性的参与。究其原因,主要是作为环境治理元组织的政府部门没有对其他环境治理主体之间必然存在的矛盾进行协调以最大限度实现以人民利益为目的的有效元约束,从而导致其他环境治理主体之间的协调效率低下甚至无效,进而对元治理目标的实现产生相应的负面影响。相关问题表现在如下方面:一是社会组织与公众参与欠缺。

从元治理理论的角度来看，当前社会组织和公众参与欠缺的主要原因在于中国环境治理政府主导法治化进程中元约束规范的缺乏，主要表现为：缺乏必要的保证社会组织和公众参与政府与企业的环境治理的程序保障[1]、缺乏法律实质性支持而导致社会组织发育不良且其参与环境治理的能力不足[2]、缺乏必要的制度激励情况下普通

---

[1] 虽然宪法和法律规定了社会组织和公众参与环境治理的相关权利，但是这些权利的实现却受到两方面的阻碍。一方面，社会组织和公众缺乏参与环境治理的必要的制度化渠道。也就是说，相关法律并没有对社会组织和公众如何参与环境治理进行详细的程序化规定，从而使社会组织和公众参与环境治理处于随意性很强的不确定状况之中，社会组织和公众是否能够实际参与环境治理，在很大程度上取决于承担环境治理主要职责的政府部门和企业主体自身的意愿。只有在政府部门和企业主体愿意社会组织和公众参与环境治理并提供必要的条件保障的情况下，社会组织和公众才有可能参与到相应的环境治理过程之中。另一方面，政府部门和企业主体为社会组织和公众提供参与环境治理条件的意愿不强。虽然社会组织和公众属于环境治理的主要利害相关方，其参与具体的环境治理对于保证民主决策，提高环境治理行为的科学性，以及通过监督矫正可能产生的错误行为均有着非常重要的意义，但是社会组织和公众参与过程必然会增加政府部门和企业环境治理行为过程中进行协调以及提供必要的参与条件等成本，从而在一定程度上降低环境治理的效率。另外，对于企业来说，其存在的根本意义在于创造和增加利润，社会组织和公众参与环境治理不仅会导致相关行为成本增加，对企业利润产生相应的负面影响，而且由于社会组织与公众在利益方面同企业有着较大的差异，必然与企业自身利益驱动下的环境治理行为产生相应的冲突，进一步对其利益在短期内产生不利的影响。因此，由于社会组织和公众参与导致环境治理行为成本增加的缘故，无论是政府相关部门还是企业主体均缺乏为社会组织和公众提供条件参与环境治理的积极性，尤其是企业主体，由于社会组织和公众与其在环境治理方面存在利益差异，甚至可能因为目的不同而导致相应的行为冲突。总而言之，在没有必要的法律规范为社会组织和公众参与环境治理提供制度化渠道的情况下，政府相关部门和企业主体出于自身利益考虑，必然对为社会组织和公众参与环境治理提供必要的条件缺乏积极性，从而导致社会组织和公众在环境治理实践中的参与缺乏，进而使其无法发挥促进环境治理行为决策民主化，以及有效监督相关环境治理行为的积极作用，进而对整体环境治理质效产生相应的负面影响。

[2] 与环境治理相关的社会组织主要包括媒体和专业的环保组织两种形式。相对于政府部门来说，由于社会组织代表的是相关的社会利益，与政府代表的国家利益和企业代表的企业利益存在一定程度的差异，因此发挥其参与环境治理的功能，能够在很大程度上弥补政府部门和企业主体在环境治理过程中对社会利益考虑的不足，在

众参与环境治理的公共治理意识不足①。二是社会组织与公众监督欠缺。从理论上来讲,因为政府主导下环境治理法治化中相关政府部门行使环境治理权力对环境治理整体目标实现的极端重要性,现代社会为其设计了一整套非常严格且严密的制度化权力监督体系,并以此为依据发展出了对权力行使进行"四个监督"的理论②,即

(接上注)

促进民主决策的基础上发挥其应有的监督功能,从而为环境治理质效的提高发挥必要的保障和促进作用。而且,相对于普通公众,社会组织依靠的不再是自然人个体的能力,而是依靠较为成熟和规模较大的组织的力量,因此在参与环境治理过程中较普通公众更加能发挥其应有的促进民主决策和社会监督的功能。然而,在环境治理实践中,社会组织并没有起到应有的参与环境治理的作用。究其原因,则在于中国当前情况下社会组织天生发育不良,从而参与包括环境保护在内的社会治理能力欠缺。

① 根本原因在于长期以来形成的传统治理观念以及缺乏必要的利益驱动。一方面,由于新中国成立以来,普通公众形成了有问题找政府的朴素公共治理观念,认为包括环境治理在内的公共治理职责应当完全由政府承担,自身其中能够发挥的作用可有可无,从而使普通公众没有形成通过直接参与环境治理维护自身环境权利的自觉意识。另一方面,对于普通公众来说,还必须考虑参与环境治理是否符合其自身利益的问题。如果将公众作为一个整体来考虑,公众参与环境治理对于维护公众整体利益毫无疑问是必要的也是符合其自身利益。但是,假如具体到每一个公众个体,其参加环境治理的行为则很可能与其自身利益相悖。假如公众个体参与相应的环境治理行为,其必须付出参与相应治理行为所需要的时间、精力和费用成本,在缺乏必要的法律支持以抵消这些成本的情况下,公众个体参与环境治理能够获得的利益是微不足道的,完全不足以抵消其参与环境治理行为所产生的成本。因此,在缺乏必要的制度激励的情况下,理性的公众个体必然因为经济上不划算等原因而放弃参与环境治理。因此,单纯在相关法律制度中规定公众参与环境治理的权利,并不能保证公众事实上对环境治理行为的参与。在缺乏必要的制度激励的情况下,公众个体必然因为经济上的考虑等放弃参与环境治理的行为选择,从而出现普通公众参与环境治理的公共治理意识严重不足的局面,导致环境治理实践中公众实际参与环境治理的程度较低。

② "四个监督"理论下的监督体系,无论是纪律监督,还是监察监督、派驻监督以及巡视监督,均为党和国家常设的监督机关依据相应的党内法规或者国家法律进行的制度性监督。强调"四个监督"理论对于严格环境治理权力行使的制度化监督有着无比重要的关键性意义,但现代社会之所以要强调社会组织和公众的非制度性监督方式,原因在于仅仅通过制度性监督必然存在某些制度性漏洞。这种制度性监督漏洞的存在既可能是因为制度设计本身的缺陷,也有制度性监督机构自身能力有限,以及监督角度与社会组织和公众必然存在差异等方面的原因,社会组织和公众对国家公

党和国家制度化权力监督的四种主要形式,包括纪律监督、监察监督、派驻监督、巡视监督。[120]然而,制度化的监督由于受到国家资源有限的制约,在很大程度上依然需要依赖社会组织与公众监督的辅助和补充。但在当前情况下,环境治理法治化进程中并没有对社会组织和公众监督予以足够的重视,社会组织和公众监督因为渠道和必要资源的不足而导致相应的监督整体上的欠缺。三是社会组织与公众参与和监督企业主体治理不能。其根本原因在于缺乏相应的制度性规范对社会组织与公众的参与和监督企业环境治理行为进行必要且有效的支持,企业主体必然在自身利益驱动下将社会组织和公众排除在企业环境治理的参与和监督体系之外。①因此,在元治理

(接上注)
权力的监督对于保证相关政府部门正确行使环境治理权力有着非常重要的实际意义。然而,在社会组织和公众因为缺乏必要的法律支持而参与环境治理行为严重欠缺的情况下,社会组织和公众因为制度性激励不足而不愿意行使法定的环境治理监督权利,只能依靠法定的国家监督机关进行单一的制度性监督。由于国家监督机关进行制度性监督必然产生的能力缺陷不能由社会组织和公众的社会监督有效弥补,导致出现相应的监督漏洞以及相关的政府部门行使环境治理权力过程中的权力滥用,进而对整体环境治理的质效产生破坏性影响。

① 在相关国家环保法律中缺乏支持社会组织和公众参与和监督企业主体环境治理行为的相关规定,亦即在元治理过程中缺乏对企业主体与社会组织和公众主体之间关系进行协调的有效元约束机制的情况下,由于社会组织和公众参与和监督企业的自律管理过程中的环境治理行为,不仅会增加企业的自律管理成本,而且会因为社会组织和公众与企业主体之间的利益差异导致相关行为决策过程不能最大程度实现企业自身利益。在利益机制驱动下,企业很难自觉地从社会整体利益和自身长远利益考虑通过企业自身制度的形式,主动吸收社会组织和公众参与和监督企业自律管理过程中的环境治理行为。因此,在中国环境治理政府主导法治化过程中,由于既没有相关法律规定,也没有相应的企业制度对社会组织和公众参与和监督企业主体环境治理行为进行元约束,从而导致根本不存在制度化的社会组织和公众参与和监督企业环境治理行为的渠道,社会组织和公众事实上被排除在参与和监督企业主体治理的过程之外。而由于企业自律管理过程中的环境治理行为缺乏必要的社会组织和公众的参与和监督,则可能在法律允许的范围内进行最有利于企业自身利益最大化而不是整体环境治理目标实现的环境治理行为选择,从而在一定程度上损害环境治理整体目标的实现。

视角下，要通过元约束机制保证协同治理理论下多元化环境治理主体能够以国家整体治理目标为共识实现有效的配合与协调，其中的核心环节即为设置社会组织和公众参与环境治理的科学的元约束机制。在现有的中国环境治理政府主导法治化进程中，由于采取的是党委领导、政府主导、企业主体、社会组织和公众参与的环境治理框架，主要的环境治理主体即包括党委、政府、企业以及社会组织和公众四类。① 由于政府与企业间的关系属于环境治理过程中最重要的一对监管与被监管的关系，双方分别作为主要的环境治理的监管主体以及承担主要直接治理行为的被监管对象而存在，两者之间的配合和协调主要通过元交换的方式而实现。而党的组织与其他主体之间的关系，实际上其是作为其他治理主体的内部成员，通过相关治理主体内部机制发挥领导作用。因此，具体的环境治理法治化过程中，主体间的协调和配合主要通过相关法律规定而不是政府直接干预的元约束机制进行调整的，其中主要是社会组织和公众与其他主体之间的关系和协调问题。因此，在对元约束机制进行优化的相关策略中，也主要围绕社会组织和公众参与环境治理的元约束机制的优化而展开。

5.3.1 推进党领导政府主导环境治理的法治进程

5.3.1.1 党领导环境治理的优越性

在包括环境治理在内的社会治理行为中全面贯彻党的领导，是中国的社会主义国家性质以及历史发展的经验教训相结合的必然选

---

① 在这四类主体中，政府作为环境治理元组织对主要的污染来源和环境治理责任直接承担着元监管责任，而企业则在政府监管下通过自律管理的方式承担主要的直接环境治理责任，而党委则通过党的组织形式对多元化主体的环境治理行为实行领导，社会组织和公众则通过参与政府和企业的环境治理行为，充分发挥其保证环境治理整体目标实现的作用。

择。习近平总书记指出，生态文明建设是关系中华民族永续发展的根本大计，也多次提到生态文明建设符合人民的利益。这体现了中国共产党是真心从人民利益出发，为人民办事，更体现了中国共产党全心全意为人民服务的宗旨。在生态文明建设过程中，如果缺乏环境意识的支撑，即使一时的治理效果显著，以后也会逐渐反弹，生态环境恶化就不可能从根本上解决。而在当前的治理活动中，人民发挥了巨大的作用。没有各个企业和人民的配合，治理工作也不会这么顺利。这充分体现了我国人民的环保意识和素质不断提高，对国家的归属感和责任感逐步上升，充分展示了我国人民的力量。因为过去一直走牺牲环境发展经济的路线，导致我国的环境污染十分严重，污染治理刻不容缓。此前，国家通过调整产业结构和能源结构，减少钢铁和煤炭的使用，积极进行环境污染防治，哪怕有可能影响当地经济也在所不惜。这显示出了国家进行污染防治的决心，坚决做到既要金山银山，也要绿水青山，坚持经济和生态协调发展，走可持续发展的道路。环境污染治理工作涉及多个部门，需要各个部门之间通力合作，协调规划，才能确保此项工作顺利进行。治理过程中，防治任务层层划分，分工明确，十分顺利地完成了国家规定的指标，这体现出中国共产党领导的中国特色社会主义能够在短期内快速集中大量人力、财力完成别的国家不可能在短期内完成的事，显示了我国的制度优势。因此，党的领导对于我国环境治理法治化整体目标的实现有着前提性和基础性的重要意义。一方面，中国共产党作为人民根本利益的忠实代表和先进生产力的代表，对于以最大程度实现人民根本利益为目的的社会主义中国来说，以党的领导作为社会治理的前提和基础，不仅从组织上保证了人民利益在治理行为和结果中的充分体现，而且也为社会治理行为的优质高效提供了必要的人才支撑。因此，要充分体现社会主义国家为人民服务的根本特征，党的领导是其中必不可少的基础性条件。另一方面，中国近现代历史发展的相关经验教训证明，只有在中国共产党的领导下，中国才能实现民族独立和国家富强的目标，才能实现中国人民对于新时代民族复兴的伟大愿景。

在环境治理领域，西方发达国家实行的是先发展再治理政策，于是导致在一定时期内国内生态环境急剧恶化，出现了如伦敦"雾都"和日本水俣病、工业汞中毒等典型的工业污染损害普通公众生命健康的案例。为此，它们从二十世纪下半叶开始不得不进行大规模的环境恢复性治理。新中国成立以来，中国共产党领导下的中国工业化进程，虽然也出现了相应的环境污染日益严重的情况，但中国共产党始终秉持以人民根本利益的实现为目标，最大程度保障人民的基本环境权利实现的原则，坚决摒弃了西方发达工业国家先污染后治理的环境治理策略，一直秉持边发展边治理的环境治理策略。近年来更是强化对生态环境改善的要求，提出了"绿水青山就是金山银山"的完全以人民的生命健康为根本考虑目标的环境治理理念。正是在中国共产党的领导下，中国人民通过几十年的奋斗和努力，不仅实现了工业化，而且与此同时保证了良好生态环境的存在和环境污染的持续改善。尤其在2020年9月，中国共产党更是对全世界作出了力争于2030年前实现碳达峰，2060年前实现碳中和的庄严承诺，为人类命运共同体的建设作出了自身应有的生态环境治理方面的重要贡献，充分体现了中国环境治理政府主导过程中党的领导的明显优越性。

5.3.1.2　党的领导在社会组织参与环境治理中相对薄弱

党的领导具体通过党委的组织形式体现出来，对于环境治理中的政府和企业来说，由于新中国成立以来党的领导地位的长期存在，党对相关的环境治理行为起着非常关键的领导作用。一方面，由于政府部门是国家权力的行使机关,因此党的执政地位最为集中地体现在对政府部门的领导上。与此相适应,环境治理的相关政府部门的环境治理行为也一直在党的直接领导下进行。另一方面,对于企业主体来说,由于企业主体并不是国家权力的行使机关,而是社会的主要经济基本单元。但是对于社会主义性质的中国来说,生产资料公有制是社会经济领域的主要制度。因此,关系国计民生的主要大中型企业,基本属于国有企业或者国有控股企业,直接接受相应的政府经济管理部门如各级国资委及其他相关部门的领导。由于这些企业的国有性质,党委在其中也起着核心的领导作用,相应的环境治理行为中同样贯彻着党的领导的基本原则。对于其他类型的企业,虽然党的领导作用稍显不足,但由于大中型企业的模范带头作用所起到的示范效应,以及党作为先进生产力代表在人才和组织上的优势,同样也对相应的环境治理行为起到了重要的领导作用。

然而,与在政府主体和企业主体中党所起到的明显领导作用相较,党在社会组织和公众主体中起到的作用相对薄弱。由于公众作为自然人,党组织通常通过其他组织对其进行间接领导的原因,党对社会组织和公众主体在环境治理领域的领导,主要体现为党对社会组织参与环境治理行为的领导。党对社会组织和公众主体领导的薄弱,则主要体现为对社会组织参与环境治理行为领导的薄弱,主要在于以下两方面的原因。一方面,社会组织与政府组织和企业组织不同,它既不具备与政府组织类似的行使国家权力的职责,也不具备与企业组织类似的掌握主要环境治理资源的能力。因此,在很大程度上,社会组织对于环境治理的重要意义被传统意义上的政府层级治理模式所忽视,进而导致党在社会组织环境治理领域的领导同样被忽视,进而造成党的组织在社会组织中的领导力量相对薄弱,难以充分发挥对其环境治理行为的领导作用。一些有影响力的社会组织中因为党员数量和比例过少而不存在实质意义上的党组织，难以充分发挥党对相关社会组织的领导作用。另一方面，新中国成立以来几乎所有的民生领域均由相应的政府部门负责治理，再加上新中国传统上对成立社会组织设立了严格的审批政策，因此缺乏社会组织存在和发展的土壤，并由此使中国的社会组织数量呈现亟待提升的问题。而正是因为社会组织在环境治理中所起到的作用相对不足，进一步弱化了党对社会组织的领导。

5.3.1.3 政府主导环境治理下党领导社会组织法治化的必要性与可行性

政府主导环境治理下党领导社会组织的重要性以及社会组织中党的领导相对薄弱的现实，在很大程度上弱化了社会组织在环境治理法治化过程中代表国家和人民的利益参与和监督环境治理功能的发挥，不利于政府主导环境治理法治化进程的顺利展开。因此，为了有效促进整体环境治理质效的提高，必须采取相应措施加强社会组织中党的领导，而社会组织中党的领导法治化则是解决党领导社会组织相对薄弱问题的有效途径。从这种意义上来讲，正是因为党的领导在社会组织中相对薄弱的现实，决定了政府主导环境治理下党领导社会组织法治化的必要性与可行性。一方面，社会组织作为普通公众组成的非政府性、非营利性的组织，虽然其环境治理目标整体上应当与人民的环境利益相一致，然而，由于具体的社会组织组成人员以及相应的组织目标千差万别，因此在具体的环境治理行为中，并不排除与其自身利益相对应的治理行为事实上与维护普通民众的环境利益相冲突，甚至有损害普通民众环境利益的可能。而党作为人民根本利益的代表，在社会组织中贯彻党的领导，则能有效防止社会组织因为自身利益而在具体环境治理行为中损害人民利益情况的发生，能够有效保证相关社会组织环境治理行为与环境整体目标的方向一致,从而促进对社会组织环境治理资源的有效整合。另一方面,社会组织中党的领导的薄弱使其成为环境治理多元化主体中最为薄弱的环节之一,很可能被国际国内的反动势力利用,通过渗透等方式实际上掌握社会组织的领导权,在相应的社会组织环境治理行为中进行各种反社会主义、反人民的活动,从而使社会主义沦为损害人民利益的各种利益集团的工具。只有在社会组织中贯彻党的领导,才能有效防止这种极端情况的出现,保证社会组织在政治上的正确性和行为上的人民性。这正是政府主导环境治理下党的领导保证社会组织充分反映人民环境利益的重要性以及保证社会组织政治正确的关键意义。

从可行性的角度,党的领导对于社会组织的环境治理来说,无论在理念上还是实践中均不存在根本性的障碍。一方面,党的领导与社会组织在环境治理理念和目标完全一致。党作为人民利益的忠实代表,与社会组织作为普通民众利益的代表,在本质上不存在冲突。因此,党在社会组织中领导地位的确立,不仅可以更好地通过社会组织发挥党代表人民根本利益的作用,也能使社会组织本身更好地实现其代表普通民众利益参与环境治理目标的功能。正是因为党的领导与社会组织在环境治理理念与目标上的一致性,决定了党领导社会组织的环境治理行为是两者共赢的互惠互利的合作,在思想上不存在任何实质性的阻碍。另一方面,由于中国共产党作为人民利益忠实代表和先进生产力代表,党员具有优秀的思想道德品质和过硬的业务素质,因此在社会组织参与环境治理的过程中,共产党员同样承担着作为社会组织的骨干和重要力量的作用。在社会组织中加强党的领导,可以充分利用已有的党员在社会组织中的模范带头作用,在此基础上加强相关共产党员的领导责任,则能达到良好的加强党对社会组织领导的效果。因此,正是因为在理念上和实践中党的领导与社会组织参与环境治理方面已经存在的契合性，在环境治理法治化过程中加强社会组织中党的领导具有充分的可行性。

5.3.1.4 政府主导环境治理下党领导社会组织的法治化的具体内容

政府主导环境治理下党领导社会组织的法治化，目的在于通过相关法律的支持，明确党在社会组织环境治理过程中的领导地位，从而确保社会组织的相关环境治理行为整体上与国家环境治理目标相一致，并有效提升社会组织环境治理的质效。以此为据，政府主导环境治理下党领导社会组织法治化的具体内容应当包括以下方面。首先，在法律中规定党在社会组织中的领导地位。即通过法律确立在与环境治理相关的社会组织中应当贯彻党的领导的基本原则，使党对社会组织参与环境治理的领导有法可依。其次，在党章等党内法规中规定党员在相关社会组织中应当承担的包括环境治理责任在内的领导责任义务。也就是说，在具体的参与环境治理的社会组织中，作为社会组织成员之一的党员应当根据党内法规的规定，主动在其中发挥领导作用，尽到一个党员应有的在社会组织中承担领导责任的义务，从而与确立党在社会组织中的领导地位的相关法律规定互相呼应，为党领导社会组织创造良好的法治化环境支持。最后，通过法律规定具体环境治理社会组织领导机构中党员的最低比例。这一比例以确保党在社会组织的具体决策过程中能够发挥决定性的影响为基础，作为党员的领导机构成员应当能够阻止任何不利于人民根本利益的决策通过。因此在相关社会组织的领导机构如相关委员会中党员的比例不得低于二分之一。

5.3.2 优化以公共治理理论为指导的社会组织和公众参与政府监管的程序路径

在公共治理理论下，社会组织和公众充分参与政府监管具有非常重要的理论和现实意义。一方面，因为政府监管在能力和资源上的有限性，有必要通过吸收同样代表普通公众利益的社会组织和公众充分参与的方式，发挥社会组织和公众对环境治理所具有的在绝对数量上以及对相关环境熟悉程度上的优势，弥补政府监管在环境治理资源上的不足。另一方面，社会组织和公众充分参与政府监管过程，能够有效遏制在政府监管权力行使过程中可能出现的滥用监管权力的行为，从而保证相关政府监管权力行使行为的正确性，为整体环境监管目标的顺利实现提供必要的权力制约和监督方面的保障作用。在公共治理理论下，社会组织和公众参与政府监管，能够使相关监管行为最大限度符合人民的根本利益，从而充分体现中国社会主义国家性质下环境治理以民为本的根本特征。然而，由于环境治理中的政府监管属于宪法和法律授予相应政府机关的国家权力行使行为，社会组织和公众对这一国家权力行使的参与必须通过法治化的制度程序才有可能，通过社会组织和公众充分参与政府监管程序的制度化，充分发挥社会组织和公众对于政府监管的促进和监督作用，是中国环境治理政府主导法治化过程的应有之义。

5.3.2.1 元治理理论下对社会组织和公众参与政府监管进行元约束的重要意义

从元治理理论的角度，中国环境治理政府主导法治化过程中社会组织和公众参与政府监管行为，直接涉及环境治理中的两大主体即政府主体与社会组织和公众主体之间的配合和协调的问题。虽然从本质上来讲，两者均代表人民的利益从事相应的环境治理行为，但由于政府部门与社会组织和公众主体在具体环境治理过程中所处的立场、行为方式以及拥有的资源等诸多方面的差异，必然导致在具体利益方面的差异，进而可能因为这些差异的存在而产生相互之间的矛盾和冲突，从而使社会组织和公众参与政府监管因为缺乏两大主体之间的有效配合而困难重重，出现典型的功能失范现象。因此，有必要通过法治化的方式，将国家意志贯彻到相关法律规定中，对社会组织和公众参与政府监管的过程进行严格规范，通过有效的元约束保证两大主体在社会组织和公众参与政府监管过程中的密切协作和配合，进而保证社会组织和公众参与政府监管促进与保障环境治理整体目标的功能充分实现。

5.3.2.2 社会组织和公众参与政府监管程序制度化的必要性和可行性

社会组织和公众参与政府监管程序之所以需要制度化，是因为在缺乏制度化渠道的情况下，社会组织和公众很难行使宪法与相关法律赋予的参与包括监督政府权力行使行为在内的权利。一方面，虽然当前宪法和法律规定了社会组织和公众具有法定的监督国家权力行使包括国家环境监管的相应权利，但这些权利一般只是有原则性的规定，并没有具体的细则性详细表述，从而使其在具体实践过程中缺乏最低程度的可操作性。在缺乏进一步的政府监管程序制度化的细则性规定的情况下，社会组织和公众因为缺乏制度化地参与政府监管渠道的保障，相关参与权利能否真正实现存在很大的不确定性。另一方面，社会组织和公众参与政府监管程序制度化对于提升政府环境监管效能有着重要的促进和保障功能。这种促进和保障功能主要体现在相关监管程序的制度化能够对社会组织和公众参与政府监管产生必要的法治化保障功能，从而在社会组织和公众对政府监管行为充分参与的基础上产生对于政府监管过程的民主化和科学化以及监管权力的正确行使的重要意义。首先，从促进政府监管民主化的角度，由于社会组织和公众对政府监管的参与，促使环境治理政府监管行为能够更加充分地考虑和关注与环境治理过程及结果息息相关的人民群众的利益。通过社会组织和公众将相关群众利益在政府决策过程中进行充分表达，促进政府监管行为的民主化，进而使相关政府环境监管行为更为契合人民群众的根本利益。其次，在促进政府监管科学化方面，社会组织和公众对政府监管的参与，能够带来与政府部门完全不同且更为切合人民群众利益的公众视角，并通过社会组织和公众在绝对数量和对相关环境更为熟悉的优势，为政府部门的监管行为决策提供充分的相关环境信息支持，从而为政府监管行为的科学化提供了充分的群众意见和环境信息等方面的必要保障。最后，从保证政府监管权力正确行使的角度，社会组织和公众参与政府监管，能够便捷而及时地行使宪法和法律赋予的对国家权力行使行为进行监督的权利。从而在政府环境监管的过程中通过社会组织和公众的全方位监督，有效防止可能出现的监管权力滥用的行为，为政府环境监管行为的正确性提供有效的监督保障。

从可行性的角度来看，虽然社会组织和公众作为政府监管多元监督体系中的薄弱环节，但是在社会组织和公众主体以及政府监管主体自身的主观认知以及客观实践方面，以及社会组织和公众作为政府监管多元监督体系重要组成部分的制度化方面均不存在实质性的障碍。首先，公共治理理论和协同治理理论已经在中国环境治理过程中得到了广泛的认同，社会组织和公众作为公共治理和协同治理下的重要主体的关键性意义已经被社会所公认。因此，对于社会组织和公众参与政府监管，在思想理念上已经为包括政府在内的主体所接受，从而为社会组织和公众参与政府监管程序的制度化奠定了必要的思想基础。其次，人民享有参与包括环境监管在内的权利，是得到宪法和法律的相关规定充分确认了法定权利，但是因为宪法和法律对作为人民组成部分的社会组织和公众享有的这一权利只是进行了抽象的规定，有必要对社会组织和公众参与政府监管的权利通过程序制度化的形式予以保证。因此，对于社会组织和公众参与政府监管程序的制度化，宪法和相关法律的规定为其提供了必要的法律制度基础。最后，社会组织和公众参与政府监管已经具有了一定程度的实践。因为社会组织和公众参与政府监管对于提升政府监管过程民主化和科学化，以及保证政府监管行为正确性等具有重要意义，不少政府部门在环境监管过程中，通过充分征询公众意见和建议，以及直接吸收社会组织和公众代表参与政府监管行为等方式，进行了相应的社会组织和公众参与政府监管的实践。只是因为缺乏必要的制度化程序保障，相应的实践行为处于不确定性和随意性较强，从而不利于其功能充分发挥的状态。然而，这种实践已经为相应的程序制度化提供了必要的实践经验基础。综合来看，当前社会组织和公众参与政府监管程序制度化已经具备了必要的思想基础、法律制度支持以及一定的实践经验，使其顺利开展具有了良好的条件与基础。

5.3.2.3 社会组织和公众充分参与政府监管程序制度化的具体内容

社会组织和公众充分参与政府监管程序制度化的根本目的，在于通过相应的程序性制度化规定，为社会组织和公众充分参与政府监管提供必要的制度化渠道以及其他必要条件。以此为据，社会组织和公众充分参与政府监管程序制度化应当包括以下具体内容。首先，应当构建科学的社会组织和公众充分参与的保障程序。应当在相应的政府环境监管相关法律的实施细则中规定政府环境监管的重要决策和行为，必须在充分征求社会组织和公众的意见与建议的前提下进行。对于直接关系到公众切身利益的环境监管行为决策，必须有一定比例的社会组织和公众的代表参加相关决策过程并发表意见，在社会组织和公众意见不被采纳时，应当向社会组织和公众代表说明具体理由；政府环境监管部门应当制定科学的意见和建议处理程序，应当对意见被采纳的社会组织和公众提供一定的物质和荣誉方面的奖励，对没有被采纳的意见和建议应当及时反馈并说明理由；政府环境监管部门应当制定科学的投诉和举报处理程序，应当在规定时限内及时处理相应的投诉和举报，并将举报和投诉的处理结果及时反馈给举报人和投诉人，对举报和投诉有功的社会组织和公众，应提供一定的物质和荣誉方面的奖励。其次，规定环境监管部门培养和促进社会组织发展的义务。当前社会组织对环境监管参与程度的严重不足，在很大程度上与环境社会组织发育不良存在密切的联系。因此，在环境监管部门的环境治理职责中，应当规定采取适当措施培育和指导相关环境社会组织设立和开展业务的相关义务。通过一定程度的政府资源倾斜，促进环境社会组织的成长，增强其参与环境监管的主观意愿和客观能力。再次，构建对环境公共治理进行宣传和教育的相关制度，使公众对参与环境监管的重要性有更为清醒而明确的认识，在提高公众参与环境监管主观意愿的同时增强其参与环境监管的客观能力。最后，政府环境监管部门应当为社会组织与公众提供必要的经费与配套场地与设施，为其直接参与决策过程提供相应的经济与物质支持。

5.3.3 形塑政府监管多元监督体系中社会组织和公众的监督合作模式

社会组织和公众作为宪法和法律规定的政府权力行使多元监督体系的重要组成部分，监督层面的合作模式有效创新有助于保证以地方政府为主体的政府监管权力正确行使。一方面，社会组织和公众的监督可以在一定程度上有效矫正政府的不当监管行为。政府在行使监管权力的过程中，由于主观能力不足或者获得信息不全面等客观原因，可能不可避免地出现相应的监管决策失误的情况。而通过社会组织和公众的监督，则能够及时发现这种监管决策失误并通过建议投诉等方式反馈到政府监管机关，从而及时采取必要的调整措施对相关错误监管行为进行矫正，以有效防止因为错误监管对整体目标实现的相应损害。另一方面，社会组织和公众的监督能够在一定程度上防止政府监管权力主观上的滥用。政府监管权力作为一种客观上的国家权力存在，其自身必然存在自我扩张以更大程度实现自身利益进而损害整体监管目标实现的权力滥用现象。在社会组织和公众的有效监督下，则能够通过举报揭发等监督形式将相应的权力滥用导致的违法的监管行为反馈到相应政府部门，并由其根据相关规定对滥用权力的个人和机关进行法律规定的严厉处罚，从而有效制止相关权力滥用行为的产生。正是因为社会组织和公众对于政府监管权力正确行使的保障作用，社会组织和公众一直作为政府监管多元监督体系的重要组成部分而存在。从元治理的角度来看，社会组织和公众对政府监管行为的监督构成了环境治理过程中社会组织和公众与政府进行协调和配合的重要方面。要保证这种协调和配合的顺利进行，同样需要相应的元约束机制保证社会组织和公众对政府监管行为的监督权利在合法的基础上能够得到充分保障。而可以提供这种权利保障的元治理方式即为通过保证社会组织和公众行使对政府监管行为的监督权利的元约束机制。这种元约束机制在环境治理法治化的过程中具体体现为相应的社会组织和公众对政府监管行为进行监督的相关制度，即社会组织和公众作为政府监管多元监督体系重要组成部分的制度化。

5.3.3.1 社会组织和公众作为政府监管多元监督体系的重要组成部分力量相对薄弱

由于政府监管权力在社会治理过程中的主导意义和关键性作用，通过必要的多元化的监督对其错误的监管行为进行有效矫正并防止相应的权力滥用行为的发生，是现代国家设计政府多元监督体系的初衷。事实上，为了保证对政府监管权力的行使进行监督的有效性，现代社会治理法治化过程中设置了专门的国家机关对政府监管权力进行制度化的监督，这些国家机关的监督主要包括享有监管权力的政府机关内部的监督、监察机关和检察机关的法律监督、法院通过行政诉讼进行的司法审查监督、权力机关的监督等。这些国家设立的专门监督机关不仅有专门的人员、配备了必要的设施，而且制定了严格规范的监督程序以保证相关监督职能的充分实现。因此，国家机关的专门监督构成了政府监管多元监督体系的主要组成部分。与之相对的是社会组织和公众的监督，这种监督主要由普通公民自发进行，既不具备专门的监督专业人员，也不存在相应的专门机构，更没有专门的设施配置等。因此，相对于国家机关的专门监督，社会组织和公众的监督无论在监督能力、监督范围以及监督的有效性和规范性等诸多方面，均处于非常弱势的地位。而且，因为社会组织和公众，尤其是普通公众与监督相关的知识和能力的欠缺，事实上实现自身监督权的能力非常微弱。正是因为社会组织和公众作为政府监管多元监督体系重要组成部分力量相对薄弱，有必要通过法律制度保障的形式，有效提升其对政府监管行为的监督能力，保证社会组织和公众的监督权利以及相应的保证监管权利正确行使的功能充分实现。

5.3.3.2 社会组织和公众作为政府监管多元监督体系重要组成部分制度化的必要性与可行性

社会组织和公众作为政府监管多元监管体系重要组成部分制度化的必要性，主要体现在以下方面：首先，是宪法和法律规定的人民监督国家权力行使权利实现的要求。社会组织和公众对作为国家权力重要组成部分的政府监管权力行使行为进行监督，事实上是在行使宪法和法律赋予作为人民群体重要组成部分的社会组织和公众的参与国家权力行使的法定权利。然而，由于宪法和法律对于人民参与国家权力规定的抽象性，社会组织和公众在缺乏必要的程序性制度保障的情况下，由于自身并不具有行使国家权力的职责和资源，因此很容易出现相关权利虚置的局面。只有通过社会组织和公众作为政府监管多元监督体系重要组成部分制度化，才能够通过法律的充分支持来保证社会组织和公众相应的法定权利的实现。其次，是促进政府监管质效提升的要求。通过社会组织和公众对政府监管进行充分监督，由于其采取的是普通民众视角，并充分利用了社会组织和公众等非国家监督资源，能够起到国家制度化监督难以起到的保证相关政府监管行为正确行使，并有效提升国家监管质效的作用，从而成为国家制度化监督的重要补充和多元监督体系的重要组成部分。最后，对社会组织和公众对政府监管监督力量薄弱的现实，要充分发挥社会组织和公众对政府监管的保障和促进功能，必须通过相关制度资源的供给，为社会组织和公众参与政府监管提供必要的制度支持。

从可行性方面来看，虽然社会组织和公众作为政府监管多元监督体系中的薄弱环节，但是无论从社会组织和公众以及政府监管主体自身的主观认知以及客观实践方面，还是从社会组织和公众作为政府监管多元监督体系重要组成部分制度化方面来看，均不存在实质性的障碍。一方面，社会组织和公众参与政府监管的重要性已经深入人心，不仅多数社会组织和公众均对宪法和法律赋予自身的监督权利有着清晰的认知，而且政府监管主体自身也明白接受社会组织和公众监督的重要性，从而为社会组织和公众作为政府监管多元监督体系重要组成部分的制度化奠定了良好的主观认知基础。另一方面，由于媒体的发达和互联网的普及，作为社会组织核心组成部分的媒体以及公众通过网络对政府监管行为进行监督，已经成为社会组织和公众对政府监管权力进行监督的主要方式。而且，当前几乎所有的政府监管部门均通过举报热线、网络投诉链接、举报信箱等多种方式为社会组织和公众行使监督职能提供了一定的条件，即社会组织和公众作为政府监管多元监督体系的重要组成部分事实上已经有了一定的实践经验基础。因此，在社会组织和公众对政府监管的重要性已经得到人们的普遍认可，且存在大量的实践经验的情况下，进一步将社会组织和公众对政府监管的行为通过程序制度化的形式予以充分保障，具有良好的可操作性和相应的可行性。

5.3.3.3 社会组织和公众作为政府监管多元监督体系重要组成部分制度化的主要内容

为了有效改变社会组织和公众对政府的监管薄弱的现状，在保证人民监督权利顺利实现的基础上促进政府监管质效的提高，社会组织和公众作为政府监管多元监督体系的重要组成部分制度化的具体内容应当包括以下方面。一是完善公众检举投诉机制。检举投诉是公众监督的主要渠道。然而，虽然政府监管部门一般均设立了相应的检举投诉的热线、网络链接以及信箱等，但缺乏对相关检举投诉进行科学处理的程序性制度，从而难以使检举投诉充分发挥应有的监督功能。因此，应当在现有的检举投诉机制下，制定公众检举投诉处理程序。相关单位在收到相关检举投诉后，必须按照规定程序在限期内核实并处理，对检举投诉有功的，应当给予必要的物质和精神奖励。所有检举投诉只要能追溯到信息提供人的，一律在规定时限内予以反馈核实处理情况。相关程序性制度不仅要做到真正发挥检举投诉提供信息的监督作用，而且要使检举投诉人切实感受到检举投诉行为受到了真正的重视，从而愿意后续进一步提供相关检举投诉信息，树立检举投诉处理的良好声誉，提升公众监督的主观意愿。二是强化国家制度化监督机关对公众监督的支持作用。与公众监督知识和能力缺乏的现实相比，国家制度化监督机关在专业化和资源上具有公众无可比拟的优势。虽然公众监督与国家制度化监督存在较大差异，但也同样存在共同作为监督体系一部分的共通性。因此，为了有效提升公众监督的质量与效率，有必要构建国家制度化机关对公众监督进行支持的相关制度，主要包括对公众监督相关的宣传和教育方面的支持，以及在实际监督领域提供相关工作人员协助和监督资源等方面支持。三是充分重视媒体的监督功能。与普通公众对政府监管监督能力非常薄弱不同，媒体属于现代信息收集和传播的社会组织，因此在对政府进行监督方面存在一定的信息来源方面的优势。因此，应当在相关程序制度化的过程中充分重视媒体的监督功能，通过规定媒体设置与政府监管相关的监督栏目以及其他必要监督义务的方式，提高媒体对于政府监管进行监督的参与程度。通过检举投诉机制的程序制度化有效提升公众监督的效率和主观意愿，国家监督制度化机关支持提升公众监督的能力，以及规定媒体监督的义务充分发挥媒体作为社会组织的监督能力，进而构建社会组织和公众作为政府监管多元监督体系重要组成部分的制度化有效元约束机制。

5.3.4 构建社会组织与公众参与和监督企业主体治理的有效机制

在环境治理过程中，除了政府发挥元组织的作用和承担相应的环境治理监管工作之外，主要的直接环境治理责任则由企业主体承担。由于企业主体通常会追求利润的最大化，在缺乏外在干预的情况下，必然按照最有利于企业利益最大化的最低程度环境治理方案进行相应的环境治理，从而出现环境污染成本外溢，严重损害公众和社会整体利益的现象。因此，为了使企业主体环境治理行为最大程度与代表人民根本利益的国家整体环境治理目标相一致，进而实现生态环境的持续改善，必须以代表国家权威的政府力量介入，通过对企业进行严格监管的形式，保证企业自律管理过程中的环境治理行为与国家整体环境治理目标的一致性。然而，由于政府监管能力的有限性，单纯依靠政府监管依然可能出现相应的监管漏洞和过度监管等可能导致企业自律管理过程中不当环境治理出现的情况。因此，有必要充分发挥社会组织与公众对企业主体环境治理的参与和监督作用，进而为企业主体环境治理行为的正确性和质效提供有力的保障。

5.3.4.1 社会组织和公众参与和监督企业主体治理制度化的必要性与可行性

从必要性的角度出发，社会组织和公众之所以需要参与和监督企业主体治理制度化，主要由于以下两方面的需要。一方面，社会组织和公众参与监督企业主体环境治理具有保证企业环境治理行为正确性和促进质效提高的重要意义。由于企业主体以盈利作为相关行为的最终目标，因此即使存在政府严格监管的情况下，由于政府监管资源的有限，在缺乏其他监管进行辅助和补充的情况下，企业主体可能也会实施某些不利于整体环境治理目标的实现，然而却符合企业自身利益最大化的行为。而与企业主体环境治理行为决策中优先考虑利润最大化的目标不同，社会组织和公众作为代表普通民众利益的存在，其对相关环境治理行为的决策优先考虑的是如何通过环境治理满足普通民众对于良好生态环境的需求。而这种需求从本质上与国家环境治理整体目标一致，也与代表国家和人民根本利益进行的政府环境监管行为的目标完全一致，从而能够起到有效辅助和补充政府环境监管的作用。因此，通过社会组织和公众参与和监督企业主体治理过程，可以使社会组织和公众直接影响企业主体的环境治理行为决策，进而使其环境治理在符合相关法律规定以及政府监管要求的基础上，进一步与社会组织和公众代表的普通民众利益靠拢,从而有效保证企业主体环境治理行为与代表人民根本利益的整体环境治理目标相一致。① 正是因为社会组织和公众参与和监督企业主体治理的重要性,有必要通过制度化的形式为社会组织和公众充分发挥参与和监督企业主体环境治理提供保障与促进功能。另一方面,社会组织和公众参与和监督企业主体环境治理严重不足。正是因为社会组织和公众在环境治理中以普通民众利益的实现为目标,而企业则秉持利润最大化的原则,因此,两大环境治理主体在价值取向方面存在根本区别,从而导致社会组织和公众与企业在具体环境治理决策上可能发生相应的矛盾和冲突。因此,在缺乏外在力量干预的情况下,由于社会组织和公众参与企业的自律管理环境治理过程可能影响企业利润最大化目标的实现,因此企业主体存在天然地排斥社会组织和公众参与和监督其环境治理行为的倾向,从而使社会组织和公众参与和监督企业主体环境治理在事实上很难实现。另外,由于社会组织和公众参与和监督企业在很大程度上会增加社会组织和公众本身的行为成本,在参与和监督企业可能获得的直接利益小于相关行为成本的情况下,多数社会组织和公众均缺乏参与和监督企业主体环境治理的主观意愿。因此,由于客观上企业对社会组织和公众参与和监督企业环境治理行为的不配合,以及主观上社会组织和公众缺乏必要的参与和监督企业环境治理行为的积极性,从而导致现实中社会组织和公众参与和监督企业主体环境治理严重不足的情况。正是因为这种严重不足导致不能充分发挥社会组织和公众参与和监督企业主体环境治理的保证和促进功能,因此

---

① 另外,可促进企业主体环境治理行为质效的提高。社会组织和公众在参与和监督企业主体环境治理行为的过程中,由于其有别于企业主体的独特民众视角以及相应的信息来源,能够使企业自律管理过程中形成的环境治理行为方案更全面、更科学,从而有效促进企业主体环境治理的质效。

需要通过制度化的方式对相关参与和监督行为进行有效的支持和激励,实质性改变企业主体对社会组织和公众的参与和监督排斥的现状,并充分发挥社会组织和公众参与和监督企业主体环境治理行为的主观积极性,进而从根本上扭转社会组织和公众参与和监督企业主体环境治理严重不足的不利局面。

从可行性的角度,虽然由于企业主体与社会组织和公众主体在环境治理目标和利益方面的重大差异,实践中很少见社会组织和公众主体参与企业自律管理过程的环境治理的具体案例。然而,随着人们尤其是公众与企业主体自身对于社会组织和公众参与企业环境治理自律管理行为重要性的认识日益加深,已经出现了部分企业在环境治理过程中主动征求社会组织和公众意见,从而使其积极参与到企业自律管理的环境治理之中的情况。另外,在社会组织和公众对企业环境治理自律管理行为进行监督方面,由于政府部门的举报和投诉机制的监督对象不仅包括政府部门自身,而且包括作为被监管对象企业的行为,因此事实上社会组织和公众对企业环境治理的监督一直在进行之中。进一步来讲,虽然当前整体上社会组织和公众对于企业主体环境治理自律管理的参与和监督仍然非常薄弱,但已经在相关企业和社会公众中有了一定的主观认知基础,以及为数不多的实践经验,为后续社会组织和公众作为政府监管多元监督体系重要组成部分的制度化提供了必要的主观意识和客观实践方面的铺垫。

因此,通过进一步对公众和企业主体进行社会组织和公众参与企业环境治理自律管理重要性和必要性的宣传和教育,同时通过相应的程序制度为公众参与提供保障,进而充分发挥社会组织和公众参与企业环境治理对整体环境治理目标的积极作用,已经具有了相当程度的可行性。另外,在完善当前社会组织和公众通过政府监管部门的投诉举报机制对企业环境治理行为进行监督的制度基础上，进一步通过相关法律的约束性规定，要求企业制定科学的公众投诉和举报关于环境治理不当行为的程序制度，同样能够有效实现社会组织和公众对企业主体环境治理行为相关监督程序的制度化。

5.3.4.2 社会组织和公众参与和监督企业主体治理制度化的具体内容

从本质上看，社会组织和公众对环境污染的监督属于监督式的环境参与行为，但由于社会组织和公众与企业主体在环境治理利益上存在的较大差异，有必要针对当前社会组织和公众事实上被排除在参与企业环境治理之外，而监督则只能通过政府监管部门的投诉和举报制度有限实现的问题，通过制定相关制度，对企业主体排斥社会组织和公众参与和监督的行为进行有效元约束的方式，保证社会组织和公众参与和监督企业治理目标的实现。[121] 展开来讲，社会组织和公众参与和监督企业主体治理制度化的相关内容如下。

首先，应当建立相关政府部门对社会组织和公众和参与和监督企业环境治理的重要性与必要性的宣传和教育的制度。在社会组织和公众以及企业主体间形成进行相关参与和监督的必要理念与共识，为后续的社会组织和公众参与和监督企业主体治理制度化的程序奠定必要的思想基础。其次，应当通过法律规定企业的环境治理行为可能涉及公众利益的，必须广泛征求社会组织和公众意见，重大的行为需要召开社会组织和公众参与的听证会，使社会组织和公众参与企业环境治理行为获得必要的程序性法律支持。最后，应当通过法律规定具有环境治理责任的企业应当设立针对公众的投诉和举报机制，并建立类似政府监管部门的及时处理相关投诉和举报的程序制度，通过核实有奖、及时反馈等方式，激励公众通过企业设立的制度化投诉和举报渠道实现对企业环境治理行为的有效监督。

6　结　语

整体来论,由于承担直接治理责任的主体企业以及代表普通民众利益的社会组织和公众主体在环境治理过程中利益的根本差异存在难以克服的矛盾和冲突,从而不能充分整合两大环境治理主体的环境治理资源以实现环境治理效能的最大化。因此,有必要通过代表国家意志的政府部门通过元治埋的方式,对企业、社会组织和公众的环境治理行为进行最终形式的元治理,从而在国家环境整体目标实现的基础上实现对企业、社会组织和公众环境治理资源的有效利用和整合。中国作为社会主义性质的国家,为了保证最符合人民根本利益的环境治理目标的达成,相关政府部门在对环境治理主体进行元治理的过程中还必须充分体现党的领导这一中国独有的特色优势。因此,在元治理观照下,中国环境治理政府主导法治化进程中,必须通过同时涵盖三方治理主体,即通过政府主导、企业主体、社会组织和公众参与的方式，构建科学高效的环境治理体系。通过政府部门的元治理保证不同治理主体的治理行为以及彼此间的协调和配合能够最大程度促进整体环境治理目标的实现。在具体的元治理过程中，政府还需要与主要的直接环境治理责任承担者企业通过元交换的方式保证其自律管理的环境治理行为符合整体环境治理目标。由于元交换中存在的元监管环境标准不统一和监察监管随意性较强等问题，在一定程度上造成了元交换体系的失范，导致元监管效能的大幅降低。另外，政府部门还需要通过元约束的方式使不同主体能够实现国家整体环境治理目标下的有效配合和协调。然而，由于不同主体之间协调和配合的相关元约束机制的缺乏，党对社会组织的领导、社会组织参与和监督政府环境监管行为以及企业自律管理过程中的环境治理行为等，均呈现出难以充分发挥应有功能的状态。因此，在对上述问题进行充分分析和论证的基础上，进一步提出可操作的策略，有助于推进当前中国环境治理政府主导法治化进程的顺利展开。

参考文献

［1］杜辉. 环境治理的制度逻辑与模式转变［D］. 重庆：重庆大学，2012：78.

［2］王学辉. 行政诉讼被告拒不执行生效裁判的"协作执行模式"刍议［J］. 苏州大学学报：哲学社会科学版，2021（4）.

［3］刘星. 重新理解法律移植：从"历史"到"当下"［J］. 中国社会科学，2004（5）.

［4］朱苏力. 法的移植与法的本土化［M］. 北京：法律出版社，2001：63.

［5］江必新，李洋. 习近平法治思想关于法治中国建设相关论述的理论建树和实践发展［J］. 法学，2021（9）.

［6］陈海嵩. 生态环境治理体系的规范构造与法典化表达［J］. 苏州大学学报：法学版，2021（4）.

［7］王树义. 环境治理是国家治理的重要内

容[J]. 法制与社会发展, 2014 (5).

[8] 李坤, 唐琳. 政治风险、生态绩效双重逻辑下地方政府环境治理策略: 对一个生态县环境治理的案例观察[J]. 云南财经大学学报, 2024 (4).

[9] 谭宗泽, 杨靖文. 行政法结构失衡与行政诉讼功能变迁: 一个结构功能主义的维度[J]. 西南政法大学学报, 2011 (5).

[10] 陈海嵩. 国家环境保护义务的溯源与展开[J]. 法学研究, 2014 (3).

[11] 杨华锋. 论环境协同治理: 社会治理演进史视角中的环境问题及其应对[D]. 南京: 南京农业大学, 2011: 95-127.

[12] 俞可平. 全球治理引论[J]. 马克思主义与现实, 2002 (1): 20.

[13] 韩兆坤. 协作性环境治理研究[D]. 长春: 吉林大学, 2016: 108.

[14] 詹姆斯·N. 罗西瑙. 没有政府的治理[M]. 南昌: 江西人民出版社, 2001: 23.

[15] 周雪光. 中国国家治理的制度逻辑: 一个组织学研究[D]. 北京: 生活·读书·新知三联书店, 2017: 12-13.

[16] 张吉鹏, 彭靖秋. 环境治理的绩效评估及其对地方经济的影响: 基于2017年"2+26"城大气污染治理与督察的实证分析[J]. 安徽师范大学学报: 人文社会科学版, 2022, 50 (3).

[17] 张会恒, 马凯翔. "公众参与环境治理"机制的发展模式研究及对我国的启示: 基于定性比较分析法 (QCA) [J]. 江汉大学学报: 社会科学版, 2022, 39 (3).

[18] 唐学军, 陈晓霞. 资源型城市群的城市化与生态环境保护协同治理路径研究: 基于川陕革命老区5市数据[J]. 中南林业科

技大学学报：社会科学版，2022，16（2）.

［19］钟兴菊，罗世兴. 公众参与环境治理的类型学分析：基于多案例的比较研究［J］. 南京工业大学学报：社会科学版，2021（1）.

［20］俞海山. 从参与治理到合作治理：中国环境治理模式的转型［J］. 江汉论坛，2017（4）.

［21］杜辉. 论制度逻辑框架下环境治理模式之转换［J］. 法商研究，2013（1）.

［22］邓可祝. 重罚主义背景下的合作型环境法：模式、机制与实效［J］. 法学评论，2018（2）.

［23］王曦，唐瑭. 环境治理模式的转变：新《环保法》的最大亮点［J］. 经济界，2014（5）.

［24］秦鹏，唐道鸿. 环境协商治理的理论逻辑与制度反思［J］. 深圳大学学报：人文社科版，2016（1）.

［25］张康之. 合作的社会及其治理［M］. 上海：上海人民出版社，2014：163.

［26］陈振明. 公共管理学：一种不同于传统行政学的研究途径［M］. 北京：中国人民大学出版社，2003：35.

［27］刘波，李娜. 网络化治理：面向中国地方政府的理论与实践［M］. 北京：清华大学出版社，2014：66.

［28］陈阿江，闫春华. 从生态贫困到绿色小康：生态脆弱区的乡村振兴之路［J］. 云南社会科学，2020（1）.

［29］高新宇，曹泽远，王名哲. 农村秸秆焚烧现象的环境社会学阐释：基于H村的田野调查［J］. 干旱区资源与环境，2016（9）.

［30］洪大用. 中国应对气候变化的努力及其社会学意义［J］. 社会学评论，2017（2）.

［31］洪大用. 企业行为与绿色发展［J］. 广西民族大学学报：

哲学社会科学版，2017（6）．

［32］顾辉．环境社会学视野下涉环保重大工程社会稳定风险评估的理论构建与分析路径［J］．理论月刊，2018（10）．

［33］陈阿江．再论人水和谐：太湖淮河流域生态转型的契机与类型研究［J］．江苏社会科学，2009（4）．

［34］陈阿江．无治而治：复合共生农业的探索及其效果［J］．学海．2019（5）．

［35］陈涛，李鸿香．环境治理的系统性分析：基于华东仁村治理实践的经验研究［J］．东南大学学报：哲学社会科学版，2020（2）．

［36］范叶超，刘梦薇．中国城市空气污染的演变与治理：以环境社会学为视角［J］．中央民族大学学报：哲学社会科学版，2020（5）．

［37］施祖麟，毕亮亮．我国跨行政区河流域水污染治理管理机制的研究：以江浙边界水污染治理为例［J］．中国人口·资源与环境，2007（3）．

［38］蒋辉，刘师师．跨域环境治理困局破解的现实情境：以湘渝黔"锰三角"环境治理为例［J］．华东经济管理，2012（7）．

［39］陈涛．"事件—应急"型环境治理范式及其批判：清湖围网养殖"压缩"事件中的深层社会问题［J］．华东理工大学学报：社会科学版，2011（4）．

［40］杜辉．论制度逻辑框架下环境治理模式之转换［J］．法商研究，2013（1）．

［41］张志胜．多元共治：乡村振兴战略视域下的农村生态环境治理创新模式［J］．重庆大学学报：社会科学版，2020（1）．

［42］郝志斌．论农村环境治理的工具创新：以环境效益债券为例［J］．社会科学，2020（11）．

［43］李永健．河长制：水治理体制的中国特色与经验［J］．重

庆社会科学, 2019 (5).

[44] 史玉成. 流域水环境治理"河长制"模式的规范建构: 基于法律和政治系统的双重视角 [J]. 现代法学, 2018 (6).

[45] 于文超, 高楠, 龚强. 公众诉求、官员激励与地区环境治理 [J]. 浙江社会科学, 2014 (5).

[46] 冉冉. "压力型体制"下的政治激励与地方环境治理 [J]. 经济社会体制比较, 2013 (3).

[47] BATES R. Contra Contractarianism: Some Reflections on the New Institutionalism [J]. Politics and Society, 1988, 6 (2): 394.

[48] ELASTER J. The Cement of Society. A Study of Social Order [J]. Jorunal of Economic Literature, 1990, 28 (1): 124.

[49] KUMEKAWA I. The First Serious Optimist: A. C. Pigou and the Birth of Welfare Economics [M]. Princeton: Princeton University Press, 2017.

[50] 刘洪. 集体行动与经济绩效: 曼瑟尔·奥尔森经济思想评述 [J]. 当代经济研究, 2002 (7).

[51] 高轩, 朱满良. 埃丽诺·奥斯特罗姆的自主治理理论述评 [J]. 行政论坛, 2010 (2).

[52] 张三元. 效率与人的发展: 以唯物史观为视域——兼评乔恩·埃尔斯特对马克思思想的理解 [J]. 理论学刊, 2014 (7).

[53] 丁红卫, 姜茗予. 日本大气污染治理经验对我国的借鉴: 基于环境管理社会能力理论 [J]. 环境保护, 2019 (22).

[54] 周五七. 企业环境信息披露制度演进与展望 [J]. 中国科技论坛, 2020 (2).

[55] 陈海嵩. 我国环境执法模式的反思与革新 [J]. 暨南学报: 哲学社会科学版, 2024 (4).

[56] 苏力. 当代中国的中央与地方分权：重读毛泽东《论十大关系》第五节 [J]. 中国社会科学, 2004 (2).

[57] 景跃进. 当代中国政府与政治 [M]. 北京：中国人民大学出版社, 2016：168.

[58] 郁建兴, 高翔. 地方发展型政府的行为逻辑及制度基础 [J]. 中国社会科学, 2012 (5).

[59] 余耀军, 高利红. 法律社会学视野下的环境法分析 [J]. 中南财经政法大学学报, 2003 (4).

[60] 于江. 公共治理理论对我国协商治理的有效适用及其梗阻破解 [J]. 理论导刊, 2019 (6).

[61] 沈殿忠. 论国家治理视角下的环境治理 [D]. 青岛：中国海洋大学, 2014.

[62] 魏涛. 公共治理理论研究综述 [J]. 资料通讯, 2006 (3).

[63] 让-彼埃尔·戈丹, 陈思. 现代的治理, 昨天和今天：借重法国政府政策得以明确的几点认识 [J]. 国际社会科学杂志：中文版, 1999 (1).

[64] 格里·斯托克, 华夏风. 作为理论的治理：五个论点 [J]. 国际社会科学杂志：中文版, 1999 (1).

[65] 张文显. 坚持以人民为中心的根本立场 [J]. 法制与社会发展, 2021 (3).

[66] 竺乾威. 有限政府与分权管理：美国公共管理模式探析 [J]. 上海师范大学学报：哲学社会科学版, 2013 (3).

[67] 秦天宝. 法治视野下环境多元共治的功能定位 [J]. 环境与可持续发展, 2019 (1).

[68] 全球治理委员会. 我们的全球伙伴关系 [R]. 牛津：牛津大学出版社, 1995：19.

[69] 苏力. 当代中国的中央与地方分权：重读毛泽东《论十大关系》第五节［J］. 中国社会科学, 2004（2）.

[70] 景跃进. 当代中国政府与政治［M］. 北京：中国人民大学出版社, 2016：168.

[71] 郁建兴, 高翔. 地方发展型政府的行为逻辑及制度基础［J］. 中国社会科学, 2012（5）.

[72] 余耀军, 高利红. 法律社会学视野下的环境法分析［J］. 中南财经政法大学学报, 2003（4）.

[73] SI LI, LIU X. Analysis of UK Science Data Ethics Policy: Structure, Content and Governance Network［J］. Proceedings of the Association for Information Science and Technology, 2023（1）.

[74] 销利铭. 面向共同体的治理：功能机制与网络结构［J］. 天津社会科学, 2020（6）.

[75] CONSIDINE M, LEWIS J M. Bureaucracy, Network, or Enterprise? Comparing Models of Governance in Australia, Britain, the Netherlands, and New Zealand［J］. Public Administration Review, 2003, 63（2）.

[76] 埃莉诺·奥斯特罗姆. 公共服务的制度建构［M］. 宋全喜, 任睿, 译. 上海：上海三联书店, 2000：11-12.

[77] 杜辉. 环境治理的制度逻辑与模式转变［D］. 重庆：重庆大学, 2012：79.

[78] BATES R. Contra Contractarianism: Some Reflections on the New Institutionalism［J］. Politics and Society, 1988, 16（2）.

[79] ELASTER J. The Cement of Society. A Study of Social Order［J］. Jorunal of Economic Literature, 1990, 28（1）.

[80] 蓝宇蕴. 奥斯特罗姆夫妇多中心理论综述［J］. 国外社会

科学,2009(3).

[81] 于满. 由奥斯特罗姆的公共治理理论论析公共环境治理[J]. 中国人口·资源与环境,2014(3).

[82] BOB J. Governance, Governance Failure, and Meta-Governance [R]. Arcavacata di Rende: Universita Della Calabria, 2003.

[83] BOB J. Governance and Metagovernance: On Reflexivity, Requisite Variety, and Requisite Irony [C] //Governance, as Social and Political Communication. Manchester: Manchester University Press, 2003.

[84] 唐任伍,李澄. 元治理视阈下中国环境治理的策略选择[J]. 中国人口·资源与环境,2014(2).

[85] 熊节春,陶学荣. 公共事务管理中政府"元治理"的内涵及其启示[J]. 江西社会科学,2011(8).

[86] 程李华. 现代国家治理体系视阈下的政府职能转变[D]. 北京:中共中央党校,2014:66.

[87] 冯仕政. 政治市场想象与中国国家治理分析:兼评周黎安的行政发包制理论[J]. 社会,2014(6).

[88] FOTEL T, HANSSEN S. Meta-Governance of Regional Governance Networks in Nordic Countries [J]. Local Government Studies, 2009(5).

[89] 顾钰民. 新时代中国特色社会主义生态文明体系研究[M]. 上海:上海人民出版社,2019:101.

[90] 汪劲. 中外环境影响评价制度比较研究[M]. 北京:北京大学出版社,2006:172.

[91] 王丛虎. 公共采购腐败治理问题研究[M]. 北京:中国方正出版社,2013:259-261.

[92] 舒尔茨. 制度与人的经济价值的不断提高[A] //R. 科

斯，A. 阿尔钡，D. 诺斯，等. 财产权利与制度变迁：产权学派与新制度学派译文集. 刘守英，等，译. 上海：三联书店上海分店，上海人民出版社，1994：253.

［93］康芒斯. 制度经济学［M］. 于树生，译. 北京：商务印书馆，1962：86-88.

［94］道格拉斯. C. 诺思. 制度、制度变迁与经济绩效［M］. 上海：上海三联书店，上海人民出版社，1994：3.

［95］托克维尔. 论美国的民主：上卷［M］. 北京：商务印书馆，2009：100-101.

［96］郑少华. 生态主义法哲学［M］. 北京：法律出版社，2002：48-59.

［97］杨洪刚. 我国地方政府环境治理的政策工具研究［M］. 上海：上海社会科学院出版社，2016：23.

［98］KATZ R. A Theory of Parties and Electoral System［M］. Washington D. C：John Hopkins University Press，1980.

［99］崔翔. 中国共产党在社会治理体制创新中的功能研究［M］. 北京：中国经济出版社，2018：68.

［100］董战峰，郝春旭，李红祥，等. 环境绩效评估与管理：中国的探索与创新［M］. 北京：中国环境出版集团，2018：108.

［101］周天勇，翁士洪. 从管理走向治理：中国行政体制改革40年［M］. 上海：格致出版社，上海人民出版社，2018：96.

［102］吴平. 共建美丽中国：新时代生态文明理念、政策与实践［M］. 北京：商务印书馆，2018：77.

［103］厉以宁. 国民经济管理学［M］. 北京：商务印书馆，2018：305.

［104］郇庆治. 社会主义生态文明观与"绿水青山就是金山银

山［J］．学习论坛，2016（5）．

［105］汤瑜，刘哲，王子瑜．从异质性社会反馈、差序回应与政府环境治理［J］．公共管理与政策评论，2024（3）．

［106］费维照，胡宗兵．有限政府论：早期资产阶级的政府观念与政制设定［J］．政治学研究，1998（1）．

［107］王灿发．地方立法将国家环保法具体化的技术方法［J］．中国环境管理，1989（5）．

［108］江必新．中国环境公益诉讼的实践发展及制度完善［J］．法律适用，2019（1）．

［109］李琳．论环境民事公益诉讼之原告主体资格及顺位再调整［J］．政法论坛，2020（1）．

［110］俞可平．治理和善治：一种新的政治分析框架［J］．南京社会科学，2001（9）．

［111］王秀哲．党的领导入宪及党依宪执政的实现［J］．理论探讨，2019（1）．

［112］推动巡察与其他各类监督贯通融合［J］．中国纪检监察，2020（9）．

［113］韩英夫，黄锡生．生态损害行政协商与司法救济的衔接困境与出路［J］．中国地质大学学报：社会科学版，2018（1）．

［114］张明皓，叶敬忠．权威分化、行政吸纳与基层政府环境治理实践研究［J］．北京社会科学，2020（4）．

［115］丁霖．论生态环境治理体系现代化与环境行政互动式执法［J］．政治与法律，2020（5）．

［116］陈幸欢．司法机关参与环境治理的实践阐释及匡正路径［J］．江西社会科学，2021（7）．

［117］王明远．论我国环境公益诉讼的发展方向：基于行政权

与司法权关系理论的分析［J］．中国法学，2016（1）.

［118］张雪，韦鸿．企业社会责任、环境治理与创新［J］．统计与决策，2021（18）.

［119］唐学军，陈晓霞．从协调到协同：跨区域环境治理中的监管体制改革与路径——基于万达开川渝统筹发展示范区视角［J］．中国环境管理，2021（2）.

［120］叶大凤，冼诗尧．农村环境治理中的公众参与激励机制优化路径探讨［J］．云南大学学报：社会科学版，2021（4）.

［121］田家华，程帅，侯俊东．中国社区环境治理中地方政府与社会组织合作模式探析［J］．湖北社会科学，2021（5）.